Elke Gottschalk
Kleine Puppen

Große Puppenmutter mit ihren Lieblingen, um 1875
Kleine Puppen mit Brustblattköpfen aus Biskuitporzellan auf Stoffbälgen,
3 Puppen tragen »Alice«-Band im Haar, größere Stubenpuppe
in weißem Kleid mit Holzhänden und -füßen.
h der Püppchen: ca. 8 – 15 cm
Preise: ca. 300 – 850 DM
Foto: Charlotte Wolff

Elke Gottschalk

Kleine Puppen

von 1850 bis 1920

BATTENBERG

Danksagungen

Ich danke herzlich den aufgeführten Personen für ihre Unterstützung bei der Arbeit dieses Buches.
Sie überließen mir Bildmaterial oder verhalfen durch Kontaktvermittlungen oder durch Gespräche zur Klärung von Sachverhalten und zu Ergebnissen.
(In alphabetischer Reihenfolge):
Auktionshaus Beil, Auktionshaus Boltz, Anita Eckner, Uta Eckstein, Gisela Ehmke, Barbara Freshwater-Holberndt, Inge Gertig, Annelie Godosar, M.-L. Grochtmann, IKH Prinzessin Monika von Hannover, Ruth Jacobs, Klaus Jörger, Marlene Leuzzi (U.S.A.), Elisabeth Lewe, M.L. Mlynarczyk, Lilo Martensen (Dänemark), Ingrid Meyer, Birgit Muusmann (Dänemark), Ingrid Richen, Dee Robinson (U.S.A.), Hannelore Schenkelberger, Inge Schulze, Helga Stähli (Schweiz), Lieselotte Stalling, Jutta Steinhage, Carrie Tarplett (England).

Ein besonderes Dankeschön sage ich IKH Prinzessin Monika von Hannover, die mich mit besonderem Einsatz unterstützte und Frau Charlotte Wolff.

Fotografen

Auktionshaus Beil, Auktionshaus Boltz, Dr. Klaus Eckner, Susan Ehmke, Barbara Freshwater-Holberndt, Alexander Gottschalk, Thomas Hansmann, Ruth Jacobs, Elisabeth Lewe, Niclas Maack, Marcus Mair, Ingrid Meyer, M.-L. Mlynarczyk, Ingrid Richen, Linde Rülke, Hannelore Schenkelberger, Matthias Schröder, Helga Stähli, Fred Stalling, Dr. Peter Steinhage, Carrie Tarplett, Charlotte Wolff.

Abb. 281, 310 und 312 sind Bildausschnitte der Abb. S. 139 aus dem Katalog des Badischen Landesmuseums »Vom Marktstand zum Supermarkt« mit freundlicher Genehmigung der Info Verlaggesellschaft Karlsruhe.

Zeichnungen: Kirsten Müller

Kinderbuchabbildungen entnommen aus:
»Bilderbuch für kleine Mädchen« im Julius Hoffmann Verlag, Stuttgart vor 1900.

Die Deutsche Bibliothek – CIP-Einheitsaufnahme

Kleine Puppen / Elke Gottschalk. – Augsburg: Battenberg, 1993
ISBN 3-89441-149-X
NE: Gottschalk, Elke

BATTENBERG VERLAG, AUGSBURG 1993
© Weltbild Verlag GmbH, Augsburg
Umschlaggestaltung: Zembsch' Werkstatt, München, unter
Verwendung eines Fotos von Charlotte Wolff
Satz: Schrift Times, satz-studio gmbh, Bäumenheim
Offsetreproduktionen: Repro Mayr, Donauwörth
Druck und Bindung: Bosch Druck, Landshut
Printed in Germany · ISBN 3-89441-149-X

Inhaltsverzeichnis

Vorwort

Unzählige Bild- und Sachbände, spezialisiert auf die antike Puppenwelt – nach mehr als 20jähriger Puppenforschung – liegen für die Hand des Sammlers zur Information bereit. Der heutige Sammler ist und wird vielseitig gebildet und über Sammelkriterien und Sammelwürdigkeit schonungslos aufgeklärt (siehe Anhang: Fachzeitschriften, Fachliteratur). Ein »Sammlerneuling« kann dadurch sofort »Anfängerfehler« von vornherein vermeiden. Trotz dieser vorhandenen Sachbuch-Auswahl über wohl eines der liebenswürdigsten Sammelgebiete, hat ein Teilbereich der Thematik aus mir persönlich unerklärlichen Gründen bisher wenig Beachtung gefunden: Nämlich – eine ausführliche Betrachtung der »Kleinen und Kleinsten« unter der Vielfalt der großen Schönen in der Puppenwelt. So beispielsweise die qualitativ hochwertigen Mignonnetten, die zauberhaften »en miniature« zeitgemäß gekleideten Puppenstubenpuppen, die frühen Puppenhaus-Papiermaché- und Porzellanpuppen mit den modellierten Frauenfrisuren oder seïen es die Googlies mit ihren witzigen Schelmenaugen, lustigen Bäuchen und Spreizehändchen.

Nur kurze Passagen, eher Randbemerkungen, wurden ihnen in der Fülle der Literatur gewidmet. Manchmal fanden sie lediglich als Zubehör für eine größere Puppe Beachtung.

Welch eine traurige Unterbewertung!

Diese »stiefmütterliche« Behandlung der Kleinen und die Selbstverständlichkeit ihres Vorhandenseins in jeder größeren, systematisch angelegten Sammlung, führte zur Idee dieses Buches.

Ihre Vielfalt und ihre Schönheiten, ihre Außergewöhnlichkeiten und ihren Charme möchte ich einmal aufzeigen! Nicht ohne Grund sind gerade augenblicklich diese Miniaturpuppen, vor allem die mit Porzellanköpfen, bei den Sammlern im Aufwind. Sie haben nämlich erstaunlicherweise vorher alle »Modetrends« überlebt und eine Preisstabilität gehabt und gehalten. Damit kann man sie als echte Wertanlage betrachten.

Folgende grafische Darstellung soll diese Aussage unterstreichen:

a) Spitzenpuppen, bspw. der Firmen Bru, Jumeau, K u. R, S u. H, Kestner, seltene Charakterpuppen, Kruse-Puppen
b) Häufig auftretende Markenpuppen, einfache Mädchenpuppen
c) Miniaturpuppen, Mignonnetten mit Biskuit-Porzellanköpfen

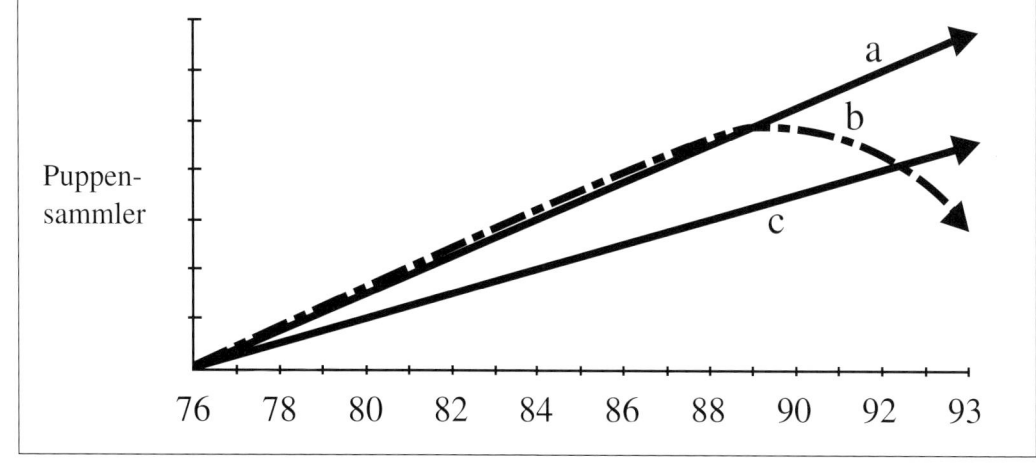

Die Miniaturpuppen, unter denen es untereinander selbstverständlich auch enorme Preisunterschiede (an anderer Stelle aufgegriffen) gibt, konnten sich jedoch, wie zeichnerisch dargestellt, relativ stabil und kontinuierlich ansteigend behaupten.

Modetrends und Tendenzen werden oft hervorgerufen durch Höhenflüge auf Auktionen und durch Flüsterpropaganda – wie beispielsweise durch schlichte Behauptungen Anfang der 80iger Jahre: Große Puppen mit Balgkörpern »gehen« nicht, die dann auch wirklich den Marktwert verloren, weil jeder Angst bekam, sich zu »verkaufen«. Diese Trends führten oft zu übertriebenen Preisen oder gar Tiefflügen, wie bei der eben erwähnten Balgpuppe.

Die preisliche Ausgeglichenheit bei den kleinen Puppen dagegen ist auffällig – waren diese ja auch nie so wichtig, daß sie direkt »in Mode« oder »Unmode« kamen. So ganz »by the way« entzückten sie, während ihre größeren Schwestern mit Rekordpreisen Schlagzeilen machten. Sie kamen aber auch nicht in den Verruf, nicht mehr »im Trend« zu liegen und einen unausbleiblichem Preisverfall mitzuerleben.

Mit der neuerlichen Zuwendung des Sammlers zum Sammeln von Dingen aus dem Puppenleben (siehe »Puppenzubehör« von Elke Gottschalk, Anlage), zum verstärkten Suchen nach Zubehör, Puppenstuben, Puppenhäusern, Puppenküchen und -läden, erlebt die Miniatur- und Puppenstubenpuppe – nun bewußt – eine starke Nachfrage. Beobachtungen zeigen mir auch eine allgemeine Änderung der Sammeltätigkeit auf dem Puppensektor weltweit.

Diese Sammeltätigkeit selbst hat meiner Meinung nach durchaus nicht nachgelassen, wie oftmals auf Börsen und Märkten »hinter der Hand« getuschelt wird. Vielmehr haben sich, wie letztlich aus persönlichen Gesprächen deutlich wird, die Wünsche des Sammlers verändert. Der erfahrene, langjährige Sammler weiß, was er will. Er hat sich spezialisiert, meist auf die sogenannten »Rahmstücke« und strebt eine Verlagerung seiner Sammelobjekte nach dem Motto an: »Lieber wenig und gut«. So werden heute viele Sammlungen umgestaltet: In der Sammlung bleiben die seltenen und qualitativ höchsten Ansprüchen zugeordneten, die frühen Deutschen, edlen Franzosen, raren Charakterpuppen u. a. ...

Da aber sehr viele Sammler so denken, greift die »Welle« schnell über und die Folge zeichnet sich ab: Gute Puppen, Miniaturpuppen stets eingeschlossen, bleiben teuer und werden noch steigen, zumal der Nachschub knapp wird, trotz Öffnung der Grenzen Innerdeutschlands und zu den europäischen Nachbarn, die voreilig »Schätze« vermuten ließen.

Qualitativ schlechtere Puppen (schlechtes, fehlerhaftes Biskuit, nicht originale Perücke, nicht originaler Körper, Billigkörper, nicht originale Kleidung, ergänzte Teile, Perückenpull, Porzellandefekte ...) und serienmäßig als häufig erkannte Puppen (AM 390, offenmundige S+H, K+R, B+P), gelangen nun zum verstärkten Verkauf. Aufgrund des Überangebotes weltweit sinken die Preise. Zieht man andere Sammelgebiete aus dem Antiquitätenmarkt vergleichsweise heran, verhält es sich ähnlich, was auch verständlich ist. Grundsätzlich ist teuer, was gut und selten ist und preislich geringer, was häufig und qualitativ schwach ist. Eigentlich hat sich nur aufgrund von 20jähriger Puppenforschung ein normales Preisniveau – auch hier – wie schon lange auf dem Antiquitätenmarkt üblich – auf dem zeitweise überzogenen Puppenmarkt – eingependelt.

Zusammenfassend sah es meiner Meinung nach etwa so puppengeschichtlich aus:

Zeit	Bemerkungen
ab ca. 1974 bis 1977	Der Sammler kauft alles, was er an Puppen bekommen kann; wenig inländische Fachliteratur
ab ca. 1978	Zunehmende Sammleranzahl – Puppensammeln beginnt, ein ernstzunehmendes Hobby zu werden; breites Angebot an Literatur
ab ca. 1980	»Erste« größere Sammlungen entstehen; die »Jagd« nach bestimmten Puppentypen, die sich als seltene erwiesen haben, beginnt; Charakterpuppen sind »in Mode« (z. T. überzogene Preise) Abwertung der Balgpuppen (nicht im Trend)
ab ca. 1981 bis 1986	Blütezeit im An- und Verkauf von Puppen; Preise steigen kontinuierlich – nicht zuletzt auch wegen der guten wirtschaftlichen Lage im Land – Große Sammlungen und »Ansammlungen« entstehen; eine Puppen-Sachbuchschwemme aller Arten kommt auf den Markt; **der Sammler bildet sich.**
ab ca. 1987 bis 1990	Der Sammler wird kritischer. Er beobachtet, vergleicht, wägt ab und sortiert. Er tauscht zwei Puppen gegen eine seltenere; Puppenpreise klettern unaufhörlich bei den seltenen frühen Deutschen, den seltenen Charakterpuppen (z. B. der Firmen Kester, K+R, S+H, B+P), guten Franzosen (Bru, Steiner, Jumeau). Sensation auf dem Auktionsmarkt: Mehr als 100.000 DM für seltene Charakter der Firma K+R.
ab ca. 1990 bis 1993	Trend zur Superpuppe; Rückgang der Mittelklassepuppen; Trend zum Puppenzubehör (Schirm, Tasche, Schuhe …), auch verstärkte Zuwendung zur Miniaturwelt im allgemeinen; verstärktes Sammeln von kleinen Puppen (Vitrinengröße), Mignonnetten. **Qualität statt Quantität!**

Puppen sind nicht nur ein finanzielles – sondern auch ein Platzproblem. Viele Sammler steigen auch deswegen auf das Sammeln von kleinen Puppen um, die dekorativ in Vitrinen mit dem dazugehörigen Zubehör (Trend!) zur Schau ausgestellt werden können. Andere Sammler wiederum entdecken die kulturgeschichtliche Seite des Puppensammelns und begeistern sich für die kleine Welt in den Puppenstuben, Puppenküchen und Kaufläden, wozu sie natürlich die passenden Puppenstubenpuppen benötigen. Der Reiz des neuen und die Freude an der Welt »en miniature« weckt eine erneute Sammelleidenschaft, die selbstverständlich eine Marktbelebung nach sich ziehen wird.

Im vorliegenden Buch möchte ich den Versuch unternehmen, die Vielfalt und Schönheit der Miniaturpuppen (5 – 24 cm Puppengröße) von ca. 1850 bis 1920 vorzustellen. Die zeitliche Begrenzung ist beabsichtigt, da diese Puppen noch auffindbar, für den Sammler erreichbar, preislich erschwinglich und dadurch interessant sind.

Es wird ein Breitenspektrum an Puppenstubenpuppen, Mignonnetten, Ganzbiskuitcharakterpuppen und den kleinen Puppen als »Abbilder der Großen« – vorgestellt.

Eine Gliederung zum besseren Auffinden der Puppen in alphabetischer Reihenfolge ist nicht gegeben, da die meisten Puppen ungemarkt sind und eine mögliche Zuordnung zu einer Firma zu ungenau wäre. So werden sie nach Puppentypen gegliedert vorgestellt.

Eine kleine Materialkunde als Vorwort entsprechend den Puppenarten – jeweils vorausgehend – gibt Aufschluß über Herstellungsmethoden, ohne jedoch ins Detail zu gehen. Das kann anderenorts (Literaturverzeichnis) nachgelesen werden und ist hier nicht Absicht. Zeichnungen und Abbildungen von Haartrachten, Körperbesonderheiten und zeitgemäßen Kleiderstilen können verstärkt dem Sammler bei der Datierung und Orientierung, besonders der frühen Puppen, helfen.

Ausführliche Abbildungen, auch mehrfach gleicher Puppen, jedoch mit unterschiedlicher originaler Kleidung, sind beabsichtigt, um gerade in diesem Miniaturbereich herauszustellen, mit welcher Vielfalt und Sorgfältigkeit die Puppenindustrie auch die Kleinsten der Kleinen ausstattete.

Abschließend wird mit diesem Buch eine **preisliche Einordnung aus rein persönlicher Sicht unternommen.** Die angegebenen Preise sind subjektiv, können dem Sammler nur als Hilfe und Orientierung dienen und sind selbstverständlich nicht bindend. Sie entstanden aus jahrelanger Marktbeobachtung im In- und Ausland und stehen für Puppen in **originalem Bestzustand.**

Miniaturpuppenpreise ergeben sich nach Angebot und Nachfrage. Die Nachfrage ist auf Qualität ausgerichtet, die beispielsweise folgende Kriterien fordert:

- Seltenheit einer Puppe
- Qualität des Biskuits und die Ausstrahlung
- Glasaugen (bevorzugt)
- Firmenmarke
- originaler Körper
- besonders seltene Körpermerkmale (z. B. gegliederter Porzellankörper)
- originale Perücke
- originale Kleidung (Fabrikherstellung)
- Miniaturpuppen **müssen** als Sammelobjekt **mit originaler** Kleidung sein

Kleine Puppen werden sehr oft nur wegen der Kleidung gekauft, die mit aufwendigem, zeitgenössischem Schnitt den Sammler gleichwohl erfreut, wie die Puppe selbst. Puppen mit originaler Kleidung erzielen ihren Bestpreis.

Die älteste Puppe ist dabei nicht unbedingt die teuerste!

Puppenstubenpuppen

1 Originalkarton mit kleinem Ganzbiskuitpüpp-chen, um 1910/20
Foto: Auktionshaus W. Boltz

Zeitliche Einordnung von Puppenstubenpuppen 1800–1920

Zeit	Puppentyp-Name	Kopf	Körper
vor 1800	Queen Anne Puppe, Queen-Anne-Type-Puppe	Holz, rundes Gesicht gemalte Augen, gestickelte Augenbrauen, Nase △ aufgesetzt, genagelte Haare	»gedrehter« Holzrumpf mit Kopf in einem Stück mit einfachem Stiftsystem, bewegliche Holzarme und Beine
ca. 1800 bis 1840	Frühe Grödnertalpuppen, Stabholzpuppen, auch Peg-Wooden-Doll genannt	Holz, Gesicht schmal, langer Hals, Gesicht einfach, aber sorgfältig bemalt, Haar schwarz, kreisrund auf den Oberkopf gemalt, kleine graue gemalte Stirnlöckchen	Holzgelenkkörper, sehr lang gestreckte Gliedmaßen, einfaches Stiftsystem, in Armen und Beinen beweglich

Zeit	Puppentyp-Name	Kopf	Körper
ca. 1840/ 1870	Frühe Grödnertalpuppen, Papiermaché – oder wachsüberzogene Papiermachépuppen	Holz, Papiermaché, Papiermaché-wachsüberzogen, – gemalte Gesichter, modellierte und bemalte Haartrachten, – Frisuren im Stile der Zeit	Stoffbalg, Lederbalg, hölzerne Gliedmaßen, auch Holzkörper wie oben
	Wachspuppen	Wachs, echte oder Mohairhaare, pupillenlose Glasaugen	Stoffbälge, Gliedmaßen aus Wachs gegossen, auch Holzkörper nach altem Modell
1850 bis 1900	China-Porzellan-kopfpuppen, oft auch »Biedermeierpuppen« genannt	Brustblattköpfe, glasiertes Porzellan, Bemalung der frühen Puppen sehr sorgfältig, modellierte Haartrachten, meist schwarz, später blond, roter Lidstrich über dem Auge, manchmal durchstochene Ohrläppchen. Spätere Haarmodelle mit zentralem Scheitel, leicht gewellte Kurzhaarfrisur, schlechte Bemalung, unsauberes Porzellan, kürzerer Hals	Stoffbalg, Lederbalg Arme und Beine aus weißem, glasierten Porzellan, oft gemalte Stiefelchen, selten Holzkörper
1870 bis 1920	Puppenstubenpuppen Puppen aus Biskuitporzellan		
	a) Balgpuppen	a) Biskuitporzellan, modellierte Haare, gemalte Augen oder Mohairperücke, Glasaugen oder Mohairperücke, gemalte Augen	a) Balgkörper, angesetzte Arme und Beine aus Biskuitporzellan, gemalte Schuhe

Zeit	Puppentyp-Name	Kopf	Körper
	b) Ganzbiskuitpuppen	b) Biskuitporzellan, Stiff-Neck, Glasaugen, Mohairperücke	b) fünfteiliger Ganzbiskuitkörper, Beine mit gemalten Schuhen
		oder gemalte Augen, Mohairperücke	
		oder drehbarer Kopf, (Swivel-Neck), Glasaugen und Mohairperücke	
		selten: modellierter Kopf mit gemalten oder Glasaugen (drehbarer Kopf)	
	c) Biskuitporzellanpuppen mit Massekörpern	c) Biskuitporzellan, drehbarer Kopf, Glas- oder gemalte Augen, Mohairperücke	c) fünfteiliger Massekörper

Kleine Puppen
in Farbe

2   Teestunde
Zwei frühe Puppen in originaler Kleidung
Grödnertalpuppe (links), um
1825 – 30
stark ausgeprägtes Gesicht,
Holzgelenkkörper
h: 25 cm
ca. 2000 – 2200 DM
Papiermachépuppenkopf auf
Holzgelenkkörper (rechts),
um 1840
h: 19 cm
ca. 1600 – 1800 DM

**3   Biedermeier-Papier-
machépuppe,**
um 1840
Echthaar auf bemalter Kopf-
platte, Lederkörper, Originalkleidung
h: 23 cm
ca. 1600 – 2000 DM
Sammlung: Carrie Tarplett

2

(nächste Seite)

4/5   Hausmusik
Edle Pariandamen beim Kla-
vierspiel
frühe Puppe (links) um 1870
mit kunstvoll modellierter
»modischer« Frisur, sorgfältige Bemalung, originale
Bekleidung, Alice-Band im
Haar
h: 21 cm
1400 – 1600 DM
Seltene Puppe (rechts)
um 1870
mit modellierter blonder
Haartracht; sehr feine Bemalung, »Alice«-Band im Haar
und gemalte Halskette (selten), Stoffbalg
h: 25 cm
2000 – 2500 DM (Auktion)
Sammlung: Susann Blunck

3

3

4   5

5   4

6

7

6 »**Lieschen in der Grube ...**«, um 1910
Puppenstubenpuppen beim Spiel, sehr gute originale Fabrikkleidung
Sammlung: Inge Schulze

7 **Kleine Puppen im Arm ihrer »Großen Schwester«,** um 1900
Kleine Biskuitporzellankopfpüppchen mit Glasaugen, offenem oder geschlossenem Mund, Kurbelköpfchen auf Porzellan- oder Massekörpern, gemalte Schuhe
h: ca. 10 – 15 cm
Foto: Charlotte Wolff

8 **Ganzbiskuitpuppen**
mit besonders ausdrucksstarken Gesichtern und typisch zeitgemäßer Konfektionskleidung
Sammlung: Inge Schulze

9 »**Weihnachtsbescherung im Puppenland**«,
um 1890 – 1900
Edle Mignonnetten und andere kleine Püppchen mit drehbaren Biskuitporzellanköpfen, Glasaugen, Mohairperücke in guter Originalkleidung
h der Puppen: ca. 3 cm bis 18 cm
zwischen *200 und 2000 DM*
Foto: Charlotte Wolff

8

9

10   11

**10   Traumhafte Mignon-
nette »French-Type«,** um
1880
in außergewöhnlicher, edler
Originalkleidung
h: 12 cm
ca. 1400 – 1800 DM
Sammlung: Dee Robinson

**11   »Standesgemäße
Schlittenfahrt«,** um 1890
Edle französische Mignon-
nette auf edlem Fahrzeug,
Biskuitkurbelkopf, geschlossener Mund, gemalte Schuhe
und Strümpfe, gute Originalkleidung
h: 14 cm
ca. 1400 – 1800 DM
Sammlung: Dee Robinson

12   Entzückende, original
aufwendig gekleidete **Mignonnette »French-Type«,**
um 1880
Swivel Neck, geschlossener
Mund, langgestreckter Körper, gemalte Schuhe
h: 12 cm
ca. 1800 – 2200 DM
Sammlung: Dee Robinson

12

13

14

15

13   Typische Mignonnette French-Type, um 1880
im Originalzustand
h: 12 cm
ca. 1600 – 2000 DM
Sammlung: Dee Robinson

14   »Matrosenjunge«, um 1890
frühe Mignonnette, besonders
entzückende Gesichtszüge,
gemalte Stiefelchen
h: 12 cm
ca. 1600 – 1800 DM
Sammlung: Dee Robinson

15   Sehr seltene »Barfuß«-Mignonnette – French-Type,
um 1880
(Korkplatte unter der
Perücke)
h: 18 cm
*Liebhaberpreis, nicht unter
2600 DM*
Sammlung: Dee Robinson

16   Simon und Halbig-Mignonnette, um 1880
besonders seltenes und schö-
nes Exemplar im Originalzustand,
bemerkenswert: die modellierten Schleifen auf den
Schuhen,
h: 16 cm
*Liebhaberpreis, nicht unter
2500 DM*
Sammlung: Dee Robinson

17   Sehr seltene frühe Kestnerpuppe, um 1880
edler Biskuitporzellankopf
auf Brustplatte mit Porzellanarmen und Lederkörper mit
Lederbeinen (sehr seltene
Version), kindlicher Gesichtsausdruck, Glasaugen,
geschlossener Mund, originale Bekleidung
h: 21 cm
*ca. 2500 – 3500 DM, Liebha-
berpreis*
Sammlung: Dee Robinson

18   Seltene frühe Puppe
ungemarkt
Biskuitporzellankopf, drehbar
auf Brustplatte (swivel-neck),
Holzgelenkkörper mit Stoff
überzogen (sehr selten) und
angesetzten Porzellanarmen-
und -beinen (äußerst selten),
originale Kleidung
h: 24 cm
*Liebhaberpreis, nicht unter
3000 DM*
Sammlung: Gisela Missal
(nächste Seite)

16   16   16

(nächste Seite)

19   »Eine Kutsche voller Mädchen ...«
Mignonnetten um 1900 und früher, 13 – 19 cm, Biskuitporzellan mit eingesetzten Glasaugen, originale Bekleidung
650 – 2000 DM
Foto: Charlotte Wolff

20   Zwei Ganzbiskuitporzellanpuppen, um 1900 vermutlich deutscher Herkunft
Puppenjunge, Drehkopf, eingesetzte Glasaugen, geschlossener Mund, Mohairperücke, fünfteiliger Porzellankörper mit blau gemalten Stiefelchen und schwarz modellierten Schleifen (selten)
h: 6 cm
Liebhaberpreis, nicht unter 2000 DM
Mädchen, Drehkopf, Glasaugen, geschlossener Mund, rundliches, kleinkindhaftes Gesicht, Mohairperücke, fünfteiliger Porzellankörper mit gelbgemalten Stiefelchen, originale Bekleidung
h: 22 cm, absolutes Liebhaberstück
Foto: Charlotte Wolff

17   17   17

18   18   18

19

20

21

22

23

21 Edle »Barfuß«-Kestner
kindlicher Kurbelkopf auf Ganzbiskuitkörper, fleischig-rundlich, barfuß (selten), mit originaler »home-made«-Kleidung. Den Kopf dieser Puppe findet man auch mit einem Porzellangliederkörper, mit einem 5-teiligen Porzellankörper und gemalten Stiefelchen oder mit einem Lederbalg. Alle Puppen sind sehr selten.
h: 13 cm
Liebhaberpreis, nicht unter 2500 DM

22 Sonntagsspaziergang
Zwei Mignonnetten im Originalzustand
Puppe links: gemarkt 1531, offener Mund, Schlafaugen
h: 15 cm,
ca. 1000 – 1500 DM
rechts: Puppe mit langen gemalten blauen Strümpfen (selten, sammelwürdig), ausdrucksstarker »kindlich fragender« Gesichtsausdruck« (beliebt bei Sammlern)
h: 13 cm
Liebhaberpreis, nicht unter 1300 DM
Foto: Charlotte Wolff

23 Auf der Kirmes,
um 1890
Deutsche Mignonnetten
links: kleine Vollbiskuitpuppe, Arme und Beine am Ansatz beweglich
h: 12 cm
ca. 700 – 850 DM
rechts: sehr seltene Vollporzellanpuppe, kindlich fragende Gesichtszüge, ausdrucksstarke blaue Augen, offener Mund (bei diesem Typ selten, meist geschlossen), Arme und Beine am Ansatz beweglich, schwarze lange Strümpfe (selten), ausgeprägt modellierte braune Schuhe mit aufgesetzten modellierten Schleifen (selten)
h: 22 cm
ca. 2000 – 2500 DM
Foto: Charlotte Wolff

24   Kestnerpuppen
gemarkt nur mit Nummer
hinten: Biskuitdrehkopf auf
fünfteiligem Massekörper,
geschlossenem Mund, Glas-
augen, Mohairperücke
h: 23 cm
ca. 2200 – 2500 DM
vorn: sehr seltene offenmundige Ganzbiskuitpuppe,
anmodellierte Zähnchen,
Mohairperücke, gegliederte
(selten) fleischige Beine,
gemalte Strümpfe und Stiefel
mit vier Riemchen
h: 24 cm
ca. 3500 – 3800 DM
Sammlung und Foto: Ruth
Jacobs

25   Spiel mit den Hunden
Mitte: sehr seltene Vollbis-
kuitporzellanpuppe, um 1890
(vermutlich von Simon &
Halbig), Kurbelkopf mit
extrem zarter Bemalung,
ausgeprägte, seltene Haarmodellierung mit modellierter
Schmuckschleife, ausdrucksstark gemalte Augen (wirken
wie Glasaugen), fünfteiliger
Vollporzellankörper, originale
Bekleidung
h: 17 cm
absoluter Liebhaberpreis
Kleine Puppe im Wagen:
Mignonnette »French-Type«,
Vollbiskuit, Kurbelkopf,
gemalte Augen, Mohair-
perücke, ausgeprägt modellierte und mit Absatz ver-
sehene, bemalte Schuhe
h: ca. 18 cm
450 – 650 DM
Foto: Charlotte Wolff

**26   Sehr seltene Ganzbis-
kuitpuppe** der Firma Kestner, um 1910
mit Beingelenken aus Porzellan, gemalte Stiefelchen und
Strümpfe auf den »fleischi-
gen« Beinen
h: 21 cm
ca. 2800 – 3300 DM

24

25

26

26

27

28

29

30

27 Kleine Puppe der Firma Kestner, um 1900 (mit Nummer gemarkt) zarter Kurbelkopf, Glasaugen, geschlossener Mund, fragender Gesichtsausdruck (beliebt bei Sammlern), Mohairperücke, früher Kugelgelenkkörper, feststehende Handgelenke, wohl original gekleidet
h: 25 cm
ca. 2200 – 2600 DM
Foto und Sammlung: Ruth Jacobs

28 Kleine Kestner auf Steifgelenkkörper
h: 21 cm
ca. 1900 – 2200 DM
Sammlung: Ruth Jacobs

29 Qualitativ sehr hochwertige **kleine Puppe** mit Porzellankopf und fünfteiligem Massekörper, kindlich ernster Gesichtsausdruck, große Glasaugen, geschlossener Mund, gute Originalkleidung
h: 18 cm
ca. 1900 – 2400 DM
Sammlung: Ingrid Richen

30 Kind mit Hund
Frühe Ganzbiskuitpuppe der Firma Simon und Halbig, um 1890
Kurbelkopf auf fünfteiligem Körper, geschlossenem Mund, Schlafaugen, sehr zarte Bemalung, barfuß (selten, Sammelkriterium), Originalkleidung
h: 18 cm
ca. 1800 – 2200 DM
Sammlung und Foto: Ruth Jacobs

31 Zwei Ganzbiskuit-googlies der Firma Kestner, um 1910
links: größeres Googly, seitlich blickende Glasaugen mit Mechanismus, drehbarer Kopf auf fünfteiligem Stehkörper, barfuß
h: 13 cm
ca. 1600 – 2000 DM
rechts: drehbarer Kopf, Glasaugen mit Mechanismus Porzellankörper mit Gelenken (sehr selten), gemalte Schuhe und Strümpfe
h: 11 cm
2800 – 3200 DM (wegen der Seltenheit des Körpers)
Sammlung: Uta Eckstein
Foto: Linde Rülke

31

32

32   Frühe deutsche Puppe
(nur Nummer), um 1910
im Reisekoffer mit sehr
viel schönem Zubehör,
Porzellandrehkopf auf fünfteiligem Massekörper, offener
Mund mit Zähnchen, Glasaugen, Mohairperücke, gemalte
Schuhe
h: 16 cm
mit Koffer:
ca. 2500 – 2800 DM

33   Max und Moritz
der Firma Kestner
ca. 3000 – 3500 DM
Sammlung: Inge Schulze

33   Max und Moritz
mit originaler Tuchkleidung

33

33

34

35

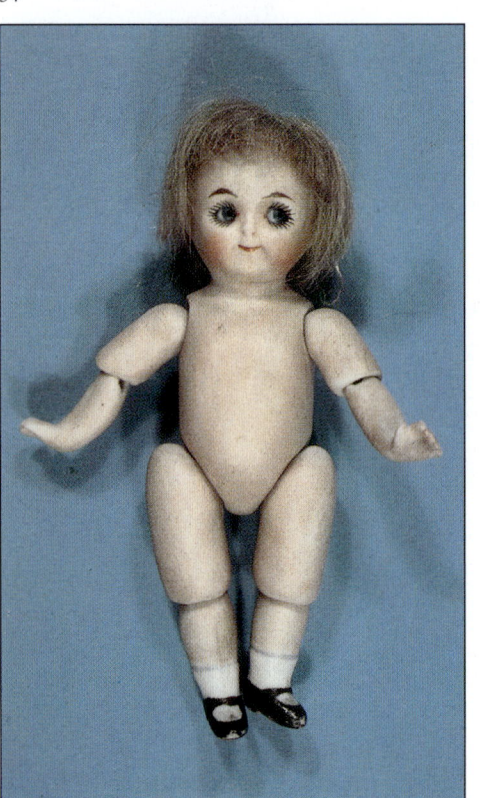

36

37

34   Ganzbiskuit-Googly-Pärchen
der Firma Kestner
Glasaugen, Melonenmund
h: 10 cm
je 1500 ÷ 1800 DM
Sammlung: Inge Schule

35   Spitz, paß auf!
links: kleine Jumeau-Puppe
wie im Original-Bekleidungs-Set.
rechts: Erwartungsvoll
blickende Kugelgelenkpuppe
der Firma Kestner (nur Num-mer), um 1900
heller Biskuitkopf, geschlos-sener Mund, runde blaue
Augen
h: 21 cm
ca. 2300 – 2700 DM

36   Kestner Googly
mit Porzellankugelgelenk-körper
h: 11 cm
ca. 2800 – 3200 DM
Sammlung: Uta Eckstein
Foto: Linde Rülke

37   Sehr seltene Glas-augen-Kewpie, um 1913
Biskuitporzellankopf, Kom-position – Glieder-körper,
drehbarer Kopf
Gemarkt: J.D.K. Rose
O'Neill U.S.A.
Größe: 25 cm
4500 – 5200 DM Liebhaber-preis
Sammlung: Marlene Leúzzi

38   Kleine deutsche Puppe
vermutlich Simon und Hal-big, ungemarkt
Biskuitporzellankurbelkopf
auf Brustplatte, (Swivel
Neck), feststehende Glasau-gen, geschlossener Mund.
Der Holzkörper ist
mit Stoff überzogen und an
Schulter, Ellenbogen, Hüfte
und Knie beweglich. Unter-arm und -beine bestehen aus
Biskuit-porzellan. Aufwen-dige Originalkleidung.
h: 25 cm
*Liebhaberpreis, nicht unter
3000 DM*
Foto: Charlotte Wolff

39   »**Weihnachtsmarkt**«
links: Puppe von Jules Nico-
las Steiner, Paris, um 1880
sign. Steiner B.S.G. Bourgoin
sorgfältig bemalter Biskuit-
porzellandrehkopf auf Kugelgelenkkörper, Glasaugen,
geschlossener Mund, schöne
konfektionierte Kleidung
h: 27 cm
ca. 6000 – 7500 DM
rechts: Puppe von Jumeau,
Paris 1890
signiert: V., Porzellankurbelkopf auf Masse-Kugelgelenkkörper, Glasaugen, geschlossener Mund, originales
Matrosenkleid
h: 26 cm
ca. 4000 – 4500 DM
Foto: Charlotte Wolff

40   Im Bett: **Mignonnette**
der Firma J.D. Kestner
ungemarkt, heller Kurbelkopf
auf fünfteiligem Porzellankörper, Glasaugen, geschlossener Mund, gemalte
Strümpfe und Stiefel, entzückende, originale Kleidung
h: 15 cm
ca. 1500 – 2200 DM
Foto: Charlotte Wolff
Vorn: **kleine deutsche Puppe,**
vermutlich Gebr. Kühnlenz
gemarkt G.K 3920
heller, sorgfältig bemalter
geschlossener Kurbelkopf,
Glasaugen, geschlossener
Mund, Mohairperücke, früher
Kugelgelenkkörper (feststehende Handgelenke), Ori-
ginalkleidung
h: 25 cm
ca. 2000 – 2600 DM bis
Liebhaberpreis

41   »**Beim Puppenspiel**«
Kleine französische Puppe,
Bru Brevette, unsigniert
heller, sorgfältig bemalter
Schulterdrehkopf, Glasaugen,
geschlossener Mund, Lederkörper, Porzellanarme und
-beine, Originalkleidung
h: 28 cm
ca. 25000 DM, Liebhaber-
preis
links: kleine Steiner-Puppe,
Paris, ca. 1870 – 75
handsigniert: J. Steiner Bte-
S.g.D.g.J. Bourgoin
kindlich fragender Gesichtsausdruck, Glasaugen,
geschlossener Mund, früher
Kugelgelenkkörper, edle
Originalbekleidung
h: 22 cm
Liebhaberpreis, ca. 6000 –
7500 DM
Foto: Charlotte Wolff

38

39

40

41

42

43

44

45

42 Ausdrucksstarke kleine Jumeau-Puppe, um 1890 (gemarkt), Biskuitporzellankopf auf Jumeaukörper (Masse), Glasaugen, geschlossener Mund, Mohairperücke
h: 24 cm
ca. 4000 DM
Foto und Sammlung: Ruth Jacobs

43 »In Erwartung« Kleine Gaultier-Puppe, um 1880/90 gemarkt F.G. Schulterdrehkopf (Swivel Neck), aus Biskuitporzellan, Glasaugen, geschlossener Mund, Mohairperücke, Lederbalg mit Lederarmen (abgenähte Finger) und Lederbeinen, alte Bekleidung
h: 25 cm
ca. 3500 – 4500 DM
Sammlung: Ruth Jacobs

44 Drei Grazien der Firma Kestner, um 1900 gemarkt nur mit Nummer
links: kleine Puppe mit Kurbelkopf auf Kugelgelenkkörper, feste Handgelenke, Glasaugen, geschlossener Mund
h: 25 cm
ca. 2200 – 2500 DM
Mitte: Puppe mit Kurbelkopf, ernster Gesichtsausdruck, geschlossener Mund, Glasaugen, früher Körper mit festen Handgelenken
h: 24 cm
2800 – 3200 DM
rechts: sehr niedliche, traurig blickende Kestner-Puppe, heller Biskuitkurbelkopf, große, braune Glasaugen, geschlossener Mund, Kugelgelenkkörper
h: 23 cm
ca. 2200 – 2500 DM

45 Frühe Kestner-Puppe,
um 1880/90
signiert 5
sorgfältig bemalter Kurbelkopf auf frühem Gliederkörper (feste Handgelenke),
Schlafaugen, geschlossener
Mund, originale Kleidung
h: ca. 25 cm
3500 – 3800 DM
Auktionshaus: Ingeborg Beil

**46 Kleine Gliedergelenk-
Puppe,** um 1890
vermutlich von Kestner,
unsigniert
heller Porzellandrehkopf,
Mohairperücke, braune
Schlafaugen, geschlossener
Mund, Kugelgelenkkörper
aus Masse, originale Bekleidung
h: 17 cm
ca. 3200 – 3500 DM
Auktionshaus: Ingeborg Beil

47 Jumeau-Puppe,
um 1900
offener Mund, Kugelgelenkkörper, mit originaler Klei-
derkommode.
h: 21 cm
ca. 2800 – 3200 DM

46

47

48

49

**48 Kestner Kugel-
gelenkpuppen,** um 1910
im Originalkoffer mit
Zubehör
h: 21 cm mit Koffer
ca. 2500 – 3000 DM

49 Puppe
nur mit Nummer gemarkt
kleiner Kugelgelenkkörper,
originale Bekleidung
h: 18 cm mit Zubehör
ca. 2200 – 2800 DM

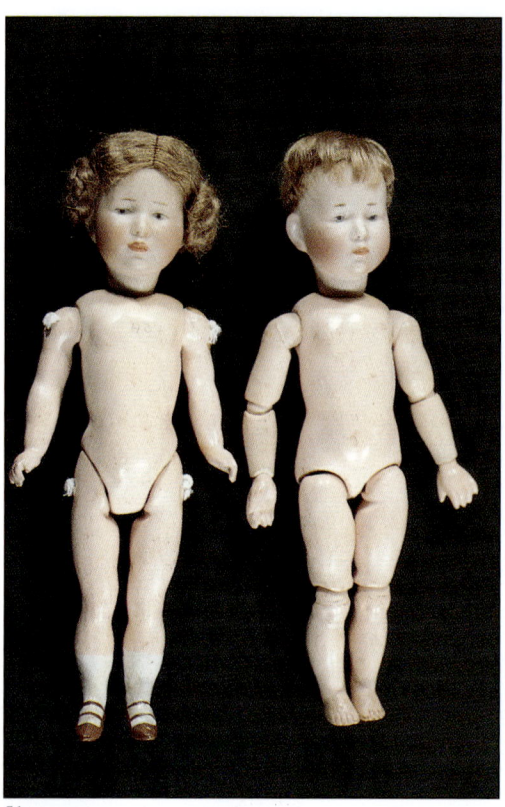

50

51

52

50   Jumeau-Puppe mit Belton-Kopf
Glasaugen, geschlossener Mund, fünfteiliger Massekörper mit gemalten Riemchen-Schuhen und Strümpfen, originale Bekleidung
h: 19 cm
ca. 1800 – 2400 DM

51   Zwei Kleinausgaben der Firmen K.u.R./S.u.H. 101, um 1910
a) mit Kugelgelenkkörper
b) mit fünfteiligem Massekörper
h: 18 cm
a) *ca. 2800 – 3200 DM*
b) *ca. 2500 – 2800 DM*

52   »Beim Frühstück«
Drei Püppchen der Firma Gebr. Heubach, um 1910 gemarkt
links: Charakterjunge, 6969, geschlossener Mund (Pouty), Glasaugen, Masse-Baby-körper
h: 21 cm
ca. 2500 – 3500 DM
Mitte: Lachender Junge mit Glasaugen, modellierte untere Zähnchen, Gliederkörper aus Masse, Marke 5636
h: 24 cm
ca. 2800 – 3800 DM
rechts: kleine Mädchen, Biskuitkurbelkopf auf Baby-körper, geschlossener Mund, Glasaugen, zarter, mädchen-hafter Gesichtsausdruck
h: 21 cm
ca. 2200 – 2500 DM
Sammlung: L. Stalling

53 Kämmer + Reinhardt S + H 114, um 1916
ein Abbild ihrer großen
Schwester
h: 23 cm
ca. 3200 – 3500 DM

54 Entzückendes Kestner-mädchen, um 1910
h: 23 cm
ca. 2200 – 2800 DM

55 Früher kleiner Kest-nerjunge, um 1900
h: 23 cm
ca. 2200 – 2500 DM

56 Kleine seltene Kestner, um 1910
in Originalausstattung,
Kugelgelenkkörper
h: 23 cm
ca. 2000 – 2500 DM

53

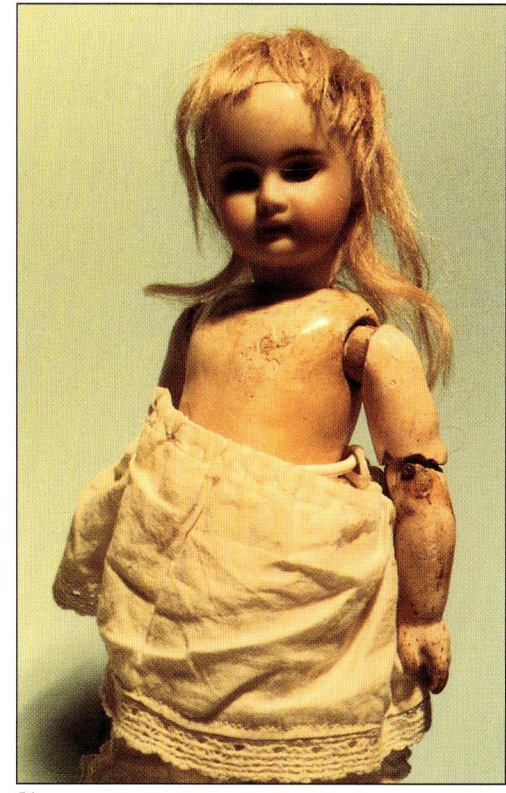

54

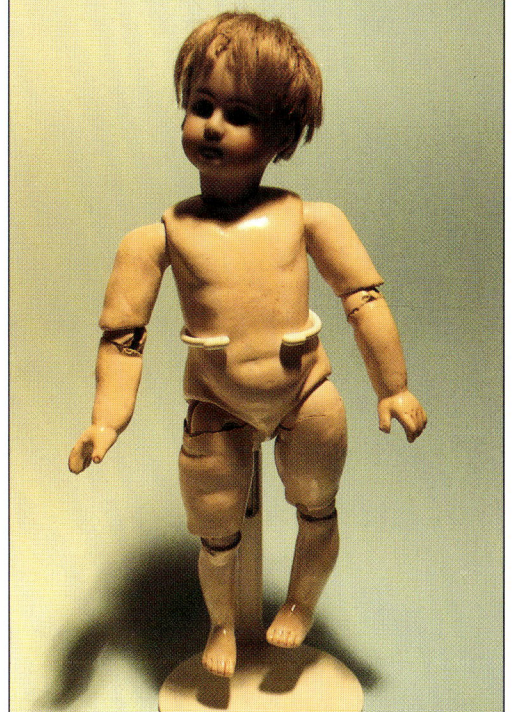

55

56

Puppenstubenpuppen gibt es seit der Zeit der ersten Puppenhäuser (ca. seit dem ausgehenden 15. Jahrhundert). Es liegt nahe, daß frühe Puppen aufgrund der damaligen Lebensumstände und Verhältnisse meist aus Naturmaterialien hergestellt wurden: Holz, Wachs, Tuch, Leder, später glasiertem Porzellan, Biskuitporzellan.

I. Holz als Naturprodukt war leicht zu bekommen und auch einfach zu bearbeiten. Waldreiche Gegenden wie das Erzgebirge, das Grödnertal, das Oberammergau-Gebiet, das Berchtesgadener Land und die Gegend um Sonneberg boten sich als Herstellerzentren von Holzverwertung geradezu an. Seit dem 17. Jahrhundert wurde Sonneberg Zentrum der Möbelholzverarbeitung. Die frühen Puppen wurden demnach nicht von Puppenspezialisten, sondern eher von Möbelherstellern geschaffen, die gut mit Holz umzugehen verstanden. Jede Puppe war ein Unikat, das in Herstellungstechnik, Form, Bemalung und Kleidung den Künstler auszeichnete und zeittypische Merkmale aufwies. Holzpuppen waren in ihrer Zeit ein ideales, haltbares, unempfindliches und preiswertes Spielzeug. Wir unterscheiden zwei große Gruppen von Holzpuppen:

a) Die frühe Holzpuppe, »Queen Anne«, vermutlich englischer Herkunft.
Ab ca. 1700 belegen gut erhaltene Exemplare die zeittypische Machart. (Alle Puppen sehen sich sehr ähnlich).
Im Volksmund wird der Puppentyp als »Queen Anne« – (früher Typ) und »Queen-Anne-Typ« (später Typ) bezeichnet (nach Queen-Anne-Periode).
Bis Anfang des 19. Jahrhunderts »drehte« man die Körper dieser Puppen aus einem Stück Holz mit Brustansatz (Holzdocke). Ein primitiver, aber zweckmäßiger Körper wurde geschaffen. Die Arme waren entweder geschnitzt und beweglich angebracht oder aus Leder oder Leinen gearbeitet. Ein besonderes Merkmal waren für diese Puppen die auffallend gabelförmig erscheinenden großen Hände.
Der wichtigste Teil, der Kopf, erhielt oft eine Beschichtung aus Brotteig.

Die Bemalung war stilisiert. Pupillenlose, meist schwarze, auch blaue Glasaugen wurden eingesetzt; die Augenbrauen zeigten einen Bogen mit kleinen »Stichen« in Holz gestochen.

Als besonderes Schönheitsideal galt bei den Menschen »von Stand« in dieser Zeit, so also auch bei ihren Abbildern, den Puppen, eine hohe Stirn. Die typischen roten und dicken Backen rundeten das Bild ab. Echthaar auf Tressen, auf den Kopf »genagelt«, umrahmten das Gesicht. So primitiv der Körper der Puppe auch war, umso kunstvoller wurde er bekleidet. Aus edlen Stoffen, wie Seide, Brokat, schweren Stickereien wurden die Kleider der Aristokratie nachempfunden und helfen heute auch dem Sammler bei der Datierung.
Frühe Puppenhauspuppen des Queen-Anne-Typs fallen relativ groß aus. Sie waren passend für die großen Puppenhäuser ihrer Zeit gearbeitet. Im Gegensatz zu den großen Puppen dieses Typs hat die Puppenhauspuppe oft gemalte Augen.

b) Die frühe Holzstabpuppe (Pflockpuppe), auch Peg-Wooden-Doll (aus dem Englischen) genannt, hat ihren Ursprung im deutschsprachigen Raum.

Sie ist seit dem frühen 19. Jahrhundert bis zu Beginn des 20. Jahrhunderts in unterschiedlicher Qualität in allen Größen (2,5 cm – 1 m) bekannt und in kleinen Größen in den Puppenhäusern vertreten. Zentrum der Herstellung war St. Ulrich im *Grödner Tal.*

Auch hier unterscheiden wir den frühen und den späteren Typ.

Der frühe Typ

Der Körper wurde primitiv aus Holz gearbeitet, der Oberkörper wesentlich kürzer gehalten als die Puppen noch früherer Epochen. Die Gliedmaßen wirken sehr langgezogen, wobei ein einfaches Stiftsystem den Puppenstubenpuppen ihre Beweglichkeit gibt. (Große Holzstabpuppen haben Kugelsteckgelenke mit Holzdübeln.) Die Schuhe waren schlicht geschnitzt und meist rot bemalt.

Die hohe Stirn der frühen Holzstabpuppen war auffällig und dominant. Der Kopf war jedoch im ganzen schmal und langgestreckt. Das Gesicht war wenig bemalt. Als typisches Erkennungszeichen diente die Haarfrisur. Sie war kreisrund und schwarz auf den Oberkopf gemalt, während kleine graue Stirnlöckchen, gefranst, dem Gesicht schmeicheln sollten. Die Kopfmitte zierte meist ein kleiner stilisierter gelber Steckkamm aus Holz. Einige Exemplare weisen durchstochene Ohren auf.

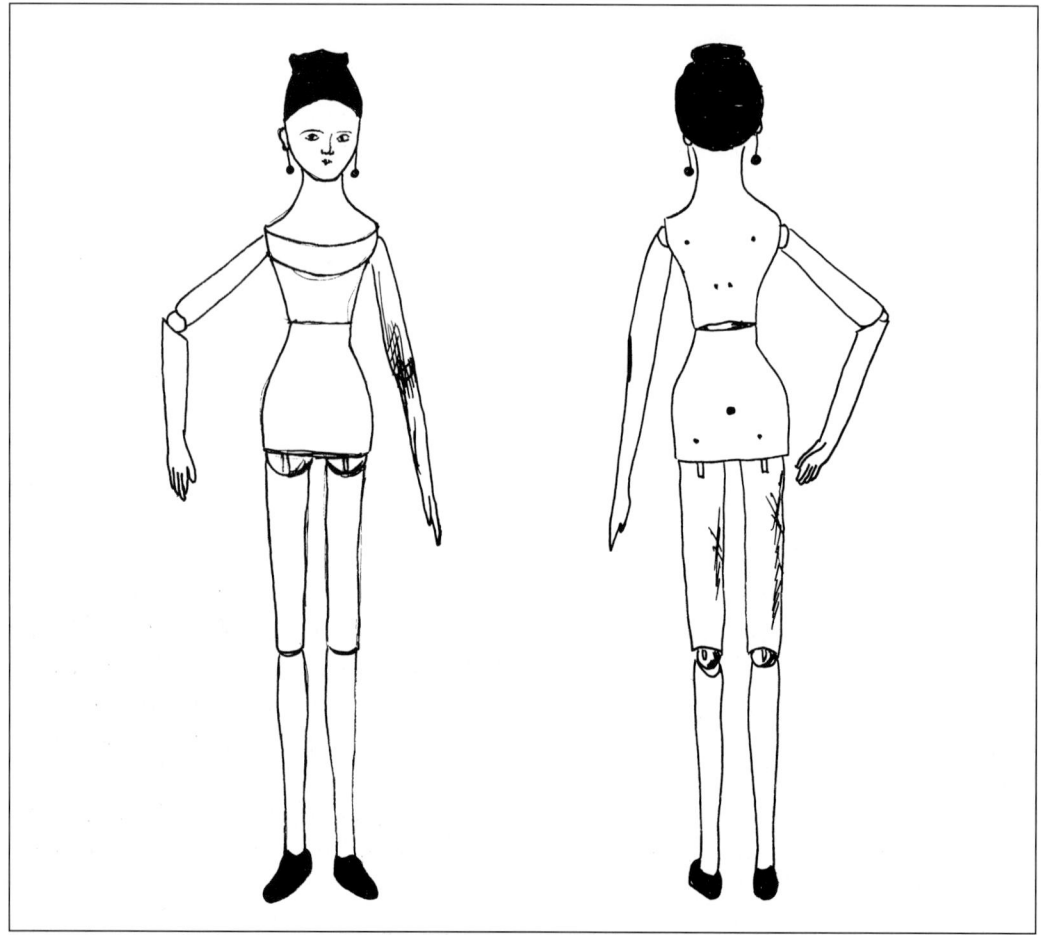

57   Frühe Grödnertalpuppe, um 1830
mit Gelenkholzkörper

Der späte Typ

Ab 1840 erlaubte die Entwicklung, durch Kenntnis von verschiedenen neuen Techniken, mehr realistische Modellierung der Puppenstubenpuppen und Puppen, dadurch ausdrucksstärkere Gesichter, mehr Schönheit und Eleganz (z. B. elegante Hände). Die Herstellungsart der Primitivkörper wurde jedoch beibehalten. Die Puppen erhielten nun damenhaft kunstvoll modellierte geflochtene Knotenfrisuren und Lockenkombinationen (Modeerscheinungen der damaligen Zeit) und erfreuten in zeitgenössischer edler Kleidung damals die Kinder, heute den Sammler.

In den folgenden Jahren veränderten sich die Haartrachten, auch die Gesichtszüge der Puppen.

Sie wurden kindlicher dargestellt; der primitive Körperbau bewährte sich weiterhin.

Preise für Holzpuppen

Der Wert einer Holzpuppe richtet sich

    a) nach dem Alter,

    b) nach dem Zustand,

    c) nach der Seltenheit,

    d) nach der Ausstrahlung,

    e) nach der originalen Kleidung.

Eine Holzpuppe spricht aufgrund ihres herben und schlichten Äußeren nur bestimmte Sammlerkreise an.

Die klassische Schönheit der Puppe, dieses damenhafte Abbild ihrer Zeit, wurde meines Erachtens in der Sammlerwelt bisher zu wenig beachtet.

Beobachtungen lassen jedoch schließen, daß sich z. Z. ein aufkommendes Interesse an den sogenannten »Biedermeierpuppen« anbahnt, was vielleicht auch die frühen Holzpuppen ergreifen wird.

Die Preise, die sich über Jahre relativ stabil hielten, werden meines Erachtens einen Aufwind erleben.

Eine Holzpuppe muß **alle** Preiskriterien erfüllen, um wertstabil zu sein, wobei Zustand und Kleidung eine besondere Rolle spielen.

58   Besonders kleine Grödnertalpuppe
h: 5 cm
ca. 450 – 550 DM

59   Frühe Stabholzpuppen (Peg-Wooden-Doll)
aus dem Grödner Tal,
um 1810
Holz, bemalt, in Gliedmaßen beweglich, Holzkörper, originale Kleidung
a) Größe: 14 cm
800 – 1000 DM
b) **zwei kleinere Grödnertalpuppen**
Höhe: 5 – 8 cm
ca. 450 – 550 DM

58

59

60

61

62

62

63

64

65

63 – 71 Frühe Grödnertal-puppen,
um 1920 – 1930
in originaler Kleidung, selten
geworden in diesem guten
Zustand
h: 10 – 24 cm
ca. 850 – 1600 DM
Sammlung: Carrie Tarplett

66

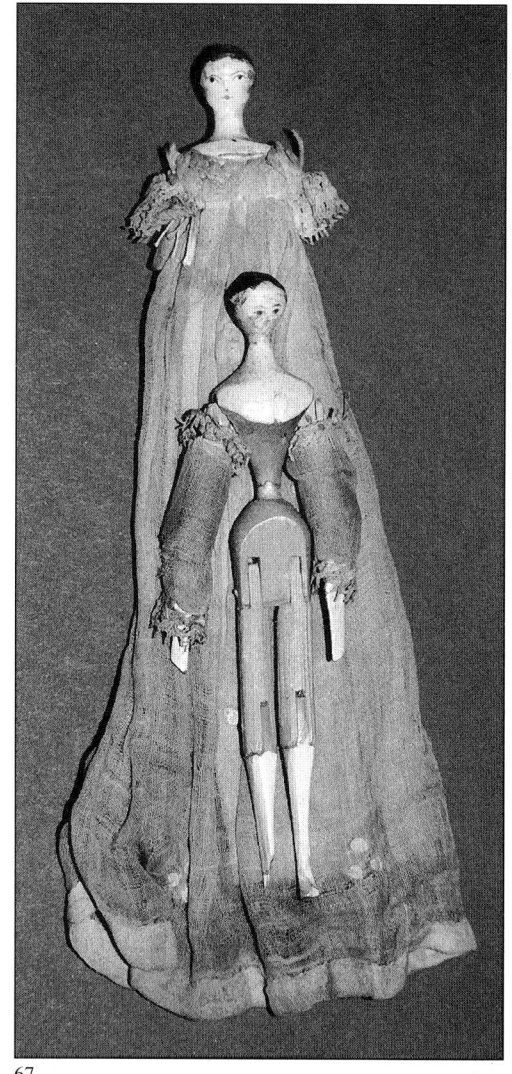

67

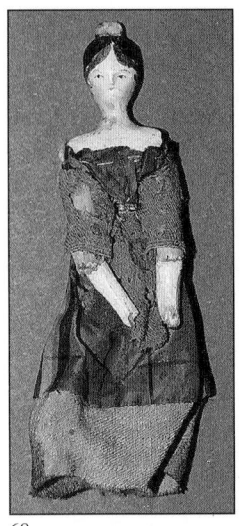

68

69

70

**72 Frühe Grödnertal-
puppe,** um 1830
h: 10 cm
ca. 850 – 900 DM

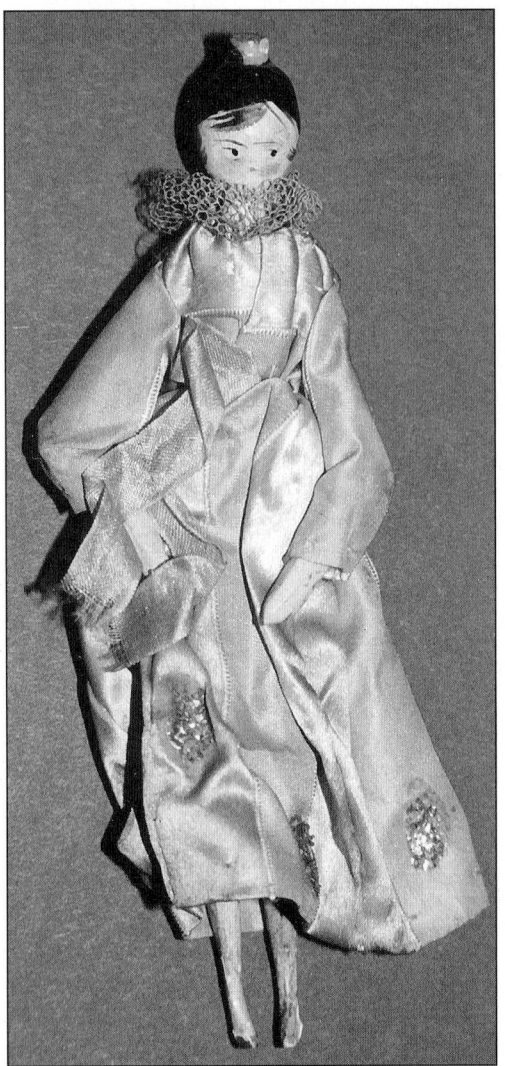

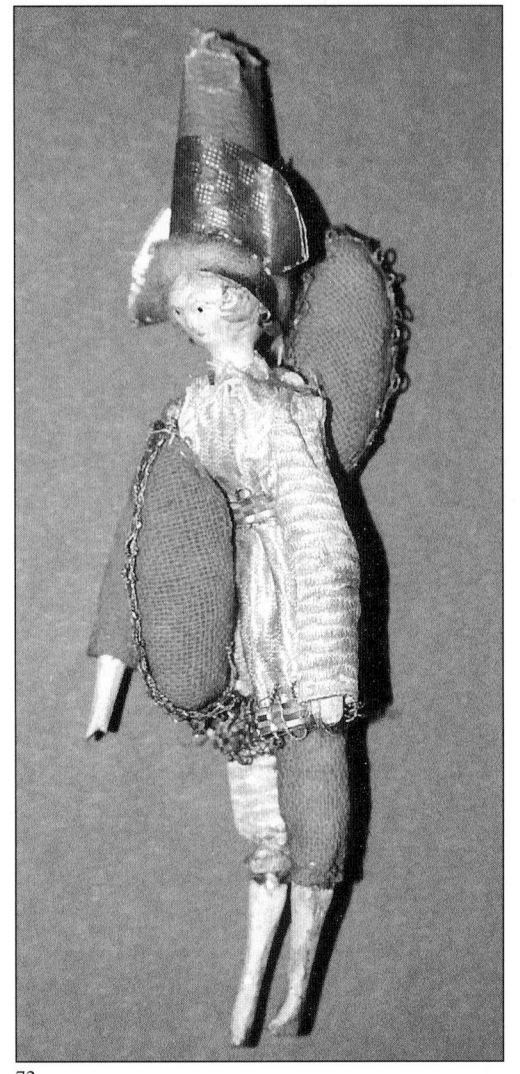

71

72

**73 Frühe Grödnertalholz-
puppe,** um 1820
Holzpuppe bemalt, deutlich
sichtbar die hellere Kopfbemalung von der kreisrunden schwarzen Mitte ausge-
hend, gelber Steckkamm,
originale Kleidung
Größe: 13 cm
ca. 850 – 1000 DM
Sammlung: Birgit Muusmann

**74 Frühe Grödnertal-
puppe,** um 1825 – 30
Unter dem Hut verbirgt sich
noch der gelbe Steckkamm,
originale Bekleidung
h: 25 cm
je: ca. 2000 — 2200 DM

**75 Frühe Grödnertalpup-
pen,** um 1820/30
hölzerne Gelenkkörper
h: 12 cm
ca. 850 – 1000 DM
Sammlung: Ingrid Richen

76 Frühe Holzpuppen,
um 1840
mit aufgesetzten Nasen,
Holzkörper, Originalkleidung
h: 15 cm
je Puppe: 850 – 1200 DM

73

74

75

76

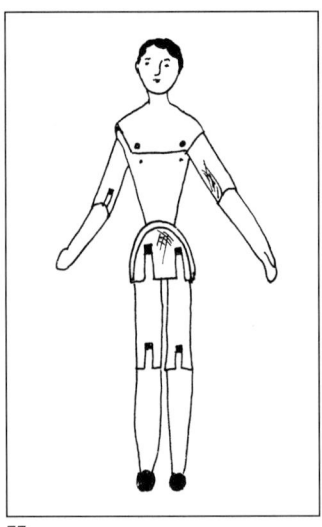
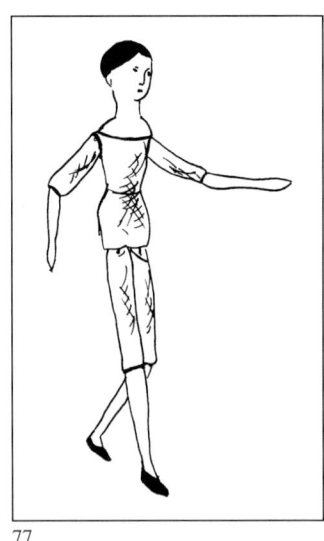
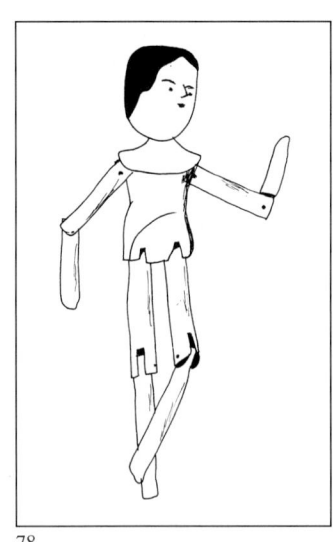

77   77   78

77 Frühe Papiermaché-puppe, um 1830/40
zeichnerische Darstellung des zeittypischen Gelenkkörpers aus Holz, beweglich in den Gelenken

78 Späte Grödnertal-puppe, ab 1890
mit einfacher Gesichtsbemalung und Beibehaltung der ursprünglichen Körperform vor 1850.

c) Puppenstubenpuppen aus Papiermaché

»Papiermaché ist eine besondere Materialform zur Herstellung von Puppen und Puppenköpfen. Im feuchten Zustand ist es eine knetbare Masse aus Zellulose oder altem aufgelösten Papier, die mit Zusätzen von Ton, Kreide, farbigen Substanzen, Kleister und Leimwasser vermischt ist. Diese Zusätze bestimmen die Härte und Farbe des getrockneten Materials« (Ciesliks »Lexikon der Puppen« S. 212). Papiermaché als Material für Puppenköpfe ist in Sonneberg seit 1805 bekannt. Der Vorteil lag in seiner Herstellungstechnik.

Anfangs wurden die Köpfe noch frei künstlerisch modelliert. (Die künstlerischen Tätigkeiten überliefern uns die verschiedenen Haartrachten der Zeit.)

Ab 1820 wurde Papiermaché in Formen gedrückt, was dann eine Massenproduktion ermöglichte. Ab 1894 erfolgte das Patent für gießfähige Papiermasse.

Die Bemalung der Köpfe fiel unterschiedlich aus. Die frühen Köpfe zeigen eindeutig die »Künstlerhand« in sorgfältiger Bemalung und Ideenreichtum. Mit Beginn der Massenproduktion entstanden die billigen Versionen mit z. T. sehr einfacher Bemalung und weniger kunstvollen Frisuren.

Die Körper der Papiermachépuppen waren »home made« aus Stoff oder Leder, auf die die Köpfe einfach aufgesteckt wurden. Ein Modell aus Papiermaché ist bei den Sammlern kleiner Puppen besonders beliebt, das sogenannte Milliners Model. Dieser Typ wurde von 15 – 50 cm Größe hergestellt und ist durch seinen typischen Haarstil geprägt.

Die damenhafte Puppe hat einen Leder- oder Stoffbalg, Holzarme und Holzbeine und ist nach der damaligen »letzten Mode« gekleidet.

Da die Kleidung häufig am Körper befestigt wurde, ist sie heute oft noch vorhanden und dadurch ein echtes Zeitdokument. Das Aufkommen von Biskuitporzellan stoppte den »Boom« von Papiermaché als Material. Parallel wurde jedoch noch weiterhin nach dem Verfahren gearbeitet.

Papiermachépuppen heute im Handel

Puppenstubenpuppen mit Papiermachéköpfen erfreuen sich immer größerer Beliebtheit, schon aufgrund der Vielfalt der Haarfrisuren und nicht zuletzt wegen der Kleidung, die ihre Zeitepoche dokumentiert. Hinzu tritt, daß frühe Papiermachépuppen in der kleinen Größe wesentlich seltener und dadurch schwerer zu bekommen sind. Wegen der aufgetretenen verstärkten Nachfrage sind sie auf Börsen nur noch selten zu sehen. Sie sind leichter auf Spezialauktionen oder von Sammler zu Samler aus alten Sammlungen zu erhalten. Der Preis der Papiermachékopfpuppen ist gestiegen und steigt weiter für Puppen in gutem Zustand.

Puppen in gutem Zustand bedeuten für den Sammler

- Puppen ohne Übermalung oder Restauration
- Puppen ohne Risse oder Abplatzungen
- keine Verfärbungen in der Hautfarbe
- aufwendige, sorgfältige Modellierung der Frisuren
- seltene Frisuren (Turmbauten) werden »flachen« Frisuren vorgezogen
- originale Kleidung ist ein »Muß« für diese Puppen, je aufwendiger die Kleidung, umso höher der Preis, Konfektionskleidung wird der »home made«-Kleidung vorgezogen.

d) Puppenstubenpuppen aus Wachs

Seit dem 17. Jahrhundert war Wachs eine beliebte und billige Modelliermasse für die Puppen der Puppenhäuser. Wachs war formbar (später gießbar), leicht einzufärben und vermittelte einen zarten, fast durchscheinenden Eindruck.

In früher Zeit verwendete man reines Bienenwachs zur Herstellung der Köpfe, später stieg man auf ein Wachsgemisch um, das schwer schmelzbar war und der Puppe mehr Lebensdauer versprach.

Die Puppenkörper dieser Zeit waren einfache Drahtgestelle, die mit Seide o. ä. Gewebe umwickelt wurden. Die für den Betrachter sichtbaren Teile wurden ausschließlich aus Wachs geformt.

Es ergaben sich in der Modellierung in Qualität und Formenschönheit recht unterschiedlich hergestellte Köpfe. Als Augen dienten den Puppenstubenpuppen schlichte schwarze Stecknadelköpfe (im Gegensatz zu den großen Schwestern – Puppen meist weiblich –, die Glasaugen mit schwarzen Pupillen ohne Iris erhielten). Die Kleidung war zeitgemäß, oft kunstvolle Handarbeit aus edlen Materialien. Es kam auch vor, daß die zeitgenössische Kleidung mit dem Alter des Frisurstils bei gegossenen, wachsüberzogenen Puppen nicht übereinstimmte. Dies lag darin begründet, daß die Kopfformen über einen längeren Zeitraum verwendet wurden, d. h. frühere Typen auch später hergestellt wurden und in den Handel gelangten.

Mitte des 18. Jahrhunderts wurden modellierte Papiermachéköpfe mit Gesichtsfarbe bemalt und mit weißem Wachs überzogen oder ausmodelliert. Deutsche Puppen (Zentrum für Wachs: Sonneberg, Hüttensteinach) wurden lediglich getaucht und weisen nicht die echte Modellierung der Puppen früherer Wachsherstellerfirmen (Montanari, Lucy Pech, Charles Marsh) auf.

79   Früher Papiermaché-kopf, um 1830/40 mit kreisrund gemaltem schwarzen Kreis auf dem Oberkopf, auf den die Haare aufgesetzt wurden. Heute fehlen diese Haare meist.

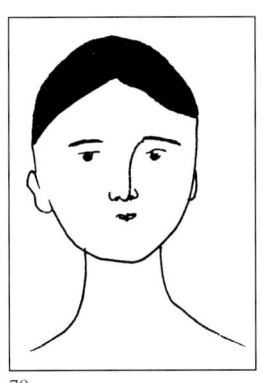

79

80

81

**80 Frühe Biedermeier-
puppe,** um 1820
Holzkopf, wachsüberzogen,
Echthaarperücke, geknoteter
Zopf, durch Schleifenband
gehalten; Holzgelenkkörper
h: 12 cm
ca. 800 – 1000 DM

**81 Frühe Biedermeier-
puppe**
Kopf aus Papiermaché, zeittypische Frisur, sorgfältig
gemaltes Gesicht, Holz-
gelenkkörper, originale Kleidung
h: 19 cm
ca. 1600 – 1800 DM

82 Papiermachépuppe,
um 1840
Besonderheit: rot bemalter
modellierter Hut auf zeit-
genössisch modellierter Frisur
h: 11 cm
ca. 750 – 950 DM
Sammlung: Carrie Tarplett

82

82

83 Papiermachépuppe,
um 1840
Lederkörper, Holzarme und
-beine Originalkleidung
h: 16 cm
ca. 850 – 1000 DM

84 Papiermachépuppe,
um 1840
Lederkörper, Holzarme und
-beine Originalkleidung
h: 16 cm
ca. 800 – 1000 DM

85 Frühe Wahrsagepuppe,
um 1840
Papiermachébrustblattkopf
auf Holzkörper mit beweg-
lichen Gelenken, der Rock
besteht aus gleichmäßig
gefaltetem Papier, auf jedem
Bogen steht eine »weise
Voraussage«. Diese Puppen
waren damals sehr beliebt.
h: 14 cm
ca. 850 – 1400 DM

**86 Biedermeier-Papier-
machépuppe,**
um 1840
Balgkörper, Kopf mit Kno-
tenfrisur, gemalte Augen,
Holzarme und Holzbeine,
gemalte Schuhe, originale
Kleidung
h: 18 cm
ca. 1000 – 1400 DM

83

84

85

86

87

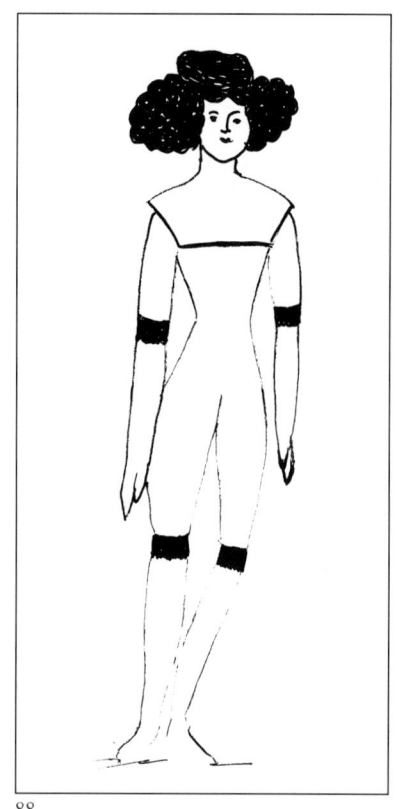

88

89

90

91

87   Zwei Biedermeierpuppen, um 1840/50
Papiermachékopf auf Lederkörper mit Holzarmen und -beinen, Originalkleidung
h: 16 cm
je: ca. 900 – 1200 DM

88/89   Frühe Puppen mit Papiermachéköpfen auf Lederkörpern mit Holzarmen und -beinen, um 1840/50
(Apollo-Knoten)

90/91   Früher Papiermachébrustblattkopf mit zeittypischer Frisur,
um 1840/50
starker Haaraufbau seitlich, symmetrisch und auf dem Oberkopf

**92   Frühe Papiermaché-
puppe,** um 1850
mit Knotenfrisur, Holzkörper
Halbseitig und Seitenansicht
in Bewegung

93   Papiermachépuppen,
Brustblattkopf mit Lederkörper und Holzarmen, um
1850/60

94   Frisuren von Papier-
maché- oder China-Porzel-
lanpuppen, um 1860/70

95   Papiermachépuppe,
um 1840
a) typischer Balgkörper mit
angesetzten Holzarmen und
-beinen
b) zeitgenössische, gut aus-
modellierte Knotenfrisur

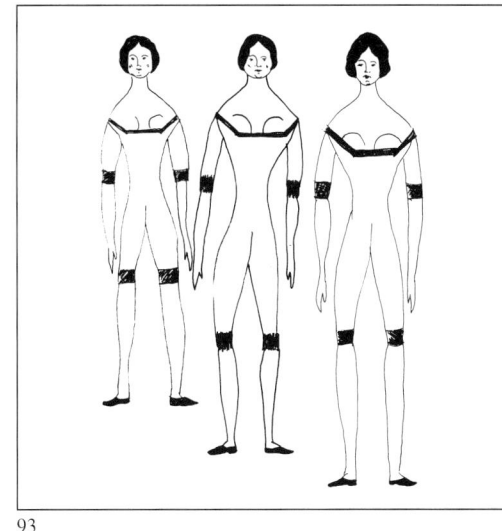

92

93

(nächste Seite)
**96   Frühe Papiermaché-
puppe,** um 1830
modellierte Haare, gemalte
Augen, Holzkörper, originale
Kleidung
h: 17 cm
ca. 850 – 1200 DM
Sammlung: Barbara Freshwater-Holberndt

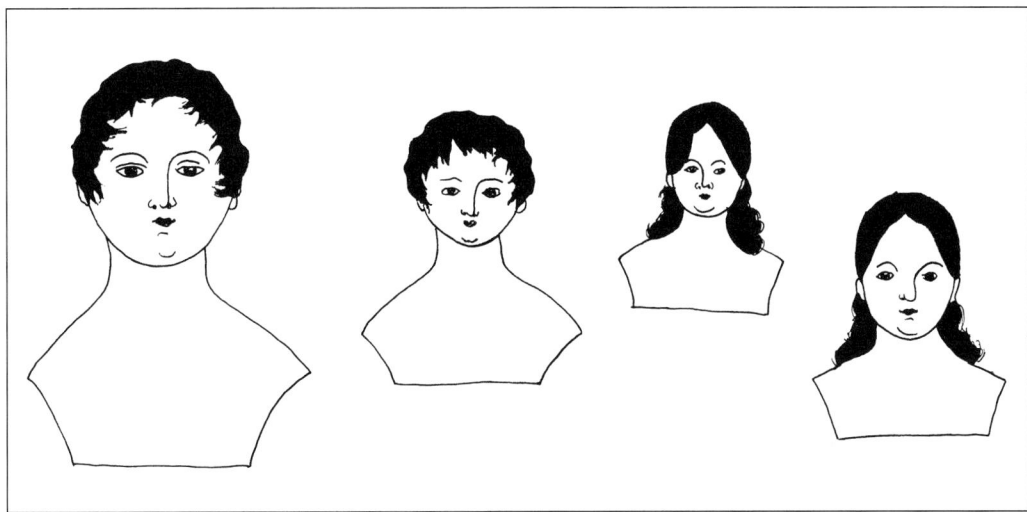

94

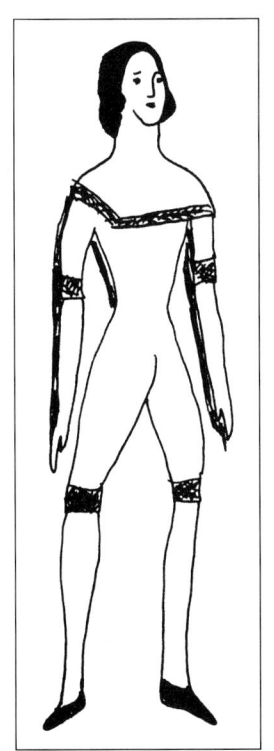

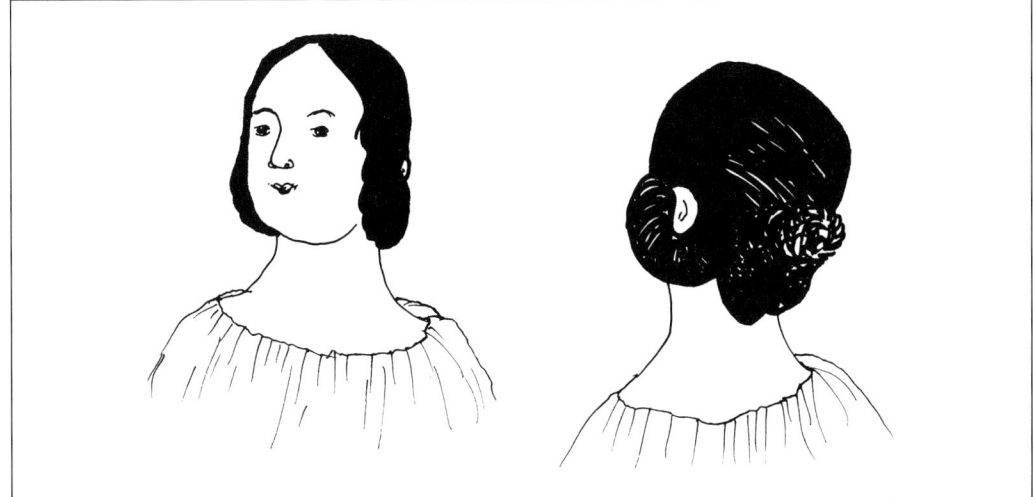

95

95

96

97

98

99

100

97 Sonneberger Papier-maché-Paar, um 1830
gemalte Augen und Haare
Lederkörper, hölzerne Arme
und Beine, originale Kleidung
h: 20 – 24 cm
ca. 1600 – 1900 DM je
Sammlung: Birgit Muusmann

98 Frühe Papiermaché-puppe, um 1840
auf Holzkörper, Mann, selten
in Berufskleidung, gemalter
Schnauzbart
Größe: 14 cm
ca. 950 – 1100 DM
Sammlung: B. Freshwater-
Holberndt

99 Kleine Greiner-Puppe
im Originalkarton, um 1860
in originaler Kleidung
h: 7 cm
ca. 450 – 650 DM

100 Frühe Papiermaché-puppe, um 1860
Typ »Greiner«, Brustblatt auf
Lederbalg, Holzarme und
-beine
h: ca. 18 cm
850 – 900 DM

101 Sehr früher Puppen-stubenmann, um 1830
Papiermaché modelliert,
gemalte Haare und Gesichtszüge, modellierter Hut, Holzkörper, originale Kleidung
h: 8 cm
Liebhaberpreis
Sammlung: Barbara Freshwater-Holberndt

101

102

**102 Papiermaché-stuben-
mann,** um 1880
Brustblatt aus Maché auf
Stoffbalg mit eingesetzten
Porzellanarmen und -beinen
h: 14 cm
ca. 550 – 650 DM

Wachspuppen aus heutiger Sicht können sehr häßlich sein. Das Wachs als Material war zu leicht zerstörbar (Wetter, Bruch, Mäuse), auch Farbveränderungen durch Licht und Alter (häufige Grau- oder Grünfärbung), Risse (oft schon beim Einlassen der Haare in der Kopfmitte entstanden) und Abplatzungen traten auf. Trotzdem schreckt der Liebhaber früher Puppenstuben und -häuser nicht davor zurück, sie in seine Sammlung aufzunehmen, um diese zeitgemäß zu gestalten. Außerdem spiegeln Kleidung und Haartracht dieser Puppen besonders Flair und Charme einer Epoche wieder und verzaubern und bezaubern den Beschauer.

103 Wachspuppe,
um 1830/40
Vollwachs modelliert auf
Stoffbalg, Glasaugen, Flachs-
haar frisiert, aufwendig
modellierte Schnürstiefel-
chen, gut erhaltene originale
Kleidung, originale Span-
schachtel.
h: 15 cm
ca. 1200 – 1500 DM
Sammlung: Carrie Tarplett

Wachspuppen heute wertmäßig gesehen

Gut erhaltene frühe Wachspuppen in zeitgenössischer Kleidung sind sehr selten und in ihrer Originalität reizvoll für Sammler früher Puppen und Puppenstuben.

Puppen dieses Typs sind in gutem Zustand schon aufgrund der Originalfrisur und Kleidung begehrt und dadurch angehoben im Preis.

Puppen mit Rissen, gar Brüchen, Fehlstellen im Wachs, Restaurationen im Wachs, Verfärbung der äußeren Schicht (ins Graue oder Gräuliche) haben nur rein persönlichen Wert wegen des ausstrahlenden Charmes und des originalen Zustands der Puppe.

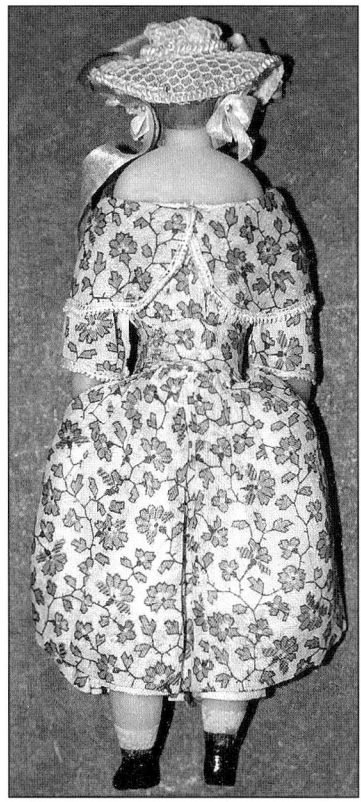

103

103

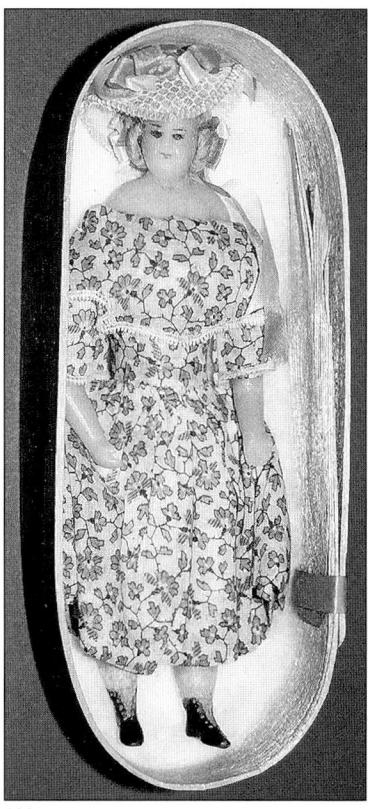

103

104

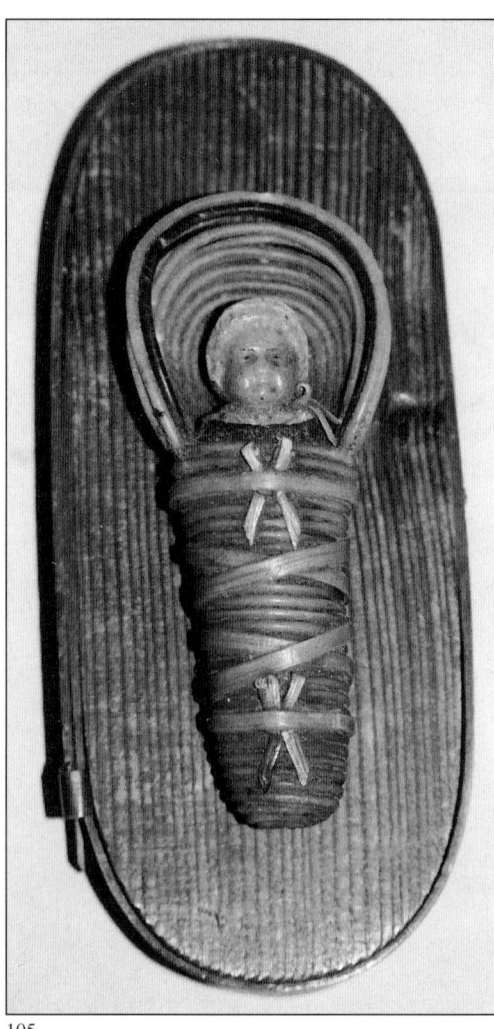

105

104 Frühe Wachspuppe,
um 1840
Glasaugen, Mohairperücke,
Vollwachsteile, modellierte
Wäsche, Balg, entzückende
originale Kleidung
h: 13 cm
ca. 1000 – 1400 DM
Sammlung: Carrie Tarplett

105 Wickelkind
originale Spanschachtel, aus
Wachs modelliert.
Im vorigen Jahrhundert wurden diese Wickelkinder auf
den Straßen von London für
1 Penny verkauft als Erinne-
rung an den Geburtstag von
Königin Viktorias erstem
Kind.
h: 10 cm
Sammlung: Carrie Tarplett

106 Frühe Wachspuppe,
um 1840
eingesetzte blaue Glasaugen,
Mohairperücke, Stoffkörper,
angesetzte Wachsarme und
-beine, originale Kleidung
h: 17,5 cm
ca. 850 – 1000 DM
Sammlung: Barbara Freshwater-Holberndt

**107 Kleine Vollwachs-
puppe,** um 1880
im Toilettenstühlchen aus
Elfenbein
(Stuhlhöhe 7 cm)
mit Stuhl: ca. 1200 DM
Sammlung: Barbara Freshwater-Holberndt

108 Wachspuppe, um 1850
eingesetzte blaue Glasaugen
ohne Pupillen, Stoffkörper
mit angesetzten Armen und
Beinen, originale Bekleidung
h: 21 cm
1000 – 1500 DM
Sammlung: Barbara Freshwater-Holberndt

106

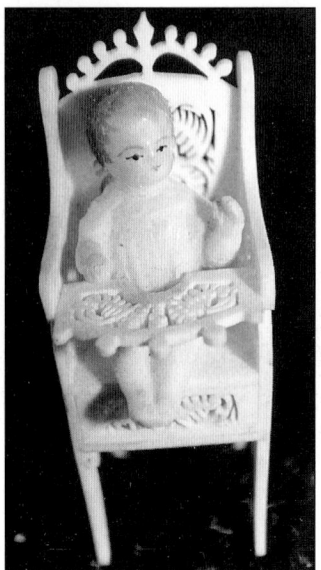

107

108

109 Frühe Wachspuppe,
um 1840
Vollwachsteile mit Stoffbalg,
kleine schwarze Nadelköpfe
als Augen, sehr aufwendige
originale Kleidung
h: 18 cm
ca. 900 – 1200 DM

110 Frühe Wachspuppe
Brustblattkopf, schwarze
Stecknadelkopfaugen, Vollwachsteile auf Stoffbalg, sehr
exklusive, zeitgemäße Originalkleidung
h: 18 cm
ca. 900 – 1200 DM

111 Wachspuppe, um 1880
Brustblattkopf mit eingesetzten Glasaugen, in Wachs
eingelassene Haare, Stoffbalg, Wachsarme und
-beine mit modellierten Schuhen, gute Originalkleidung
h: 20 cm
ca. 1200 – 1300 DM

**112 Schulmädchen aus
Wachs**
Glasaugen, Echthaar, Stoffbalg, Originalkleidung
h: 18 cm
ca. 850 – 1000 DM

109

110

111

112

e) Puppenstubenpuppen aus glasiertem Porzellan – »China«-Porzellan-Puppen

Ab 1830 fand weißes, glasiertes, bemaltes Porzellan Verwendung für Porzellanschulterköpfe. Exquisite Modelle schufen die Firmen KPM, Meißen, Königl. Kopenhagen. Die Gußformen wurden in ihrer Vielfalt über längere Zeiträume benutzt, so daß die faszinierenden unterschiedlichen, modischen Haarstile von 1850–1880 auch hier und noch später aufgrund der Gußformen Verwendung fanden.

Die Köpfe der frühen Puppenstubenpuppen aus weißem glasierten Porzellan waren meist ungemarkt, manchmal mit einer Nummer versehen oder nur mit **Germany.** Frühe »Biedermeierköpfe« (so nennt sie der Volksmund gern) waren zarter bemalt als die späteren, obwohl aus gleichem Guß gegossen. Die Gesichter der Köpfe stellten »Damen« dar, selten Männer oder gar Knaben. Die frühen Erwachsenengesichter hatten meist lange Hälse, einige Exemplare durchstochene Ohrläppchen. Über den gemalten Augen befand sich ein roter dünner Oberlidstrich, die Wangen waren rosa getönt.

Die Frisuren der frühen Puppen waren sehr vielseitig und meist von schwarzer Farbe (manchmal braun, ab 1860 auch blond).

Auch hier finden wir die Haarstile, wie beispielsweise bei den Papiermachépuppen:

a) Haare zum Knoten (Apolloknoten) geformt,

b) Haare um die Ohren gelegt, Ohr frei,

c) Haare in langen »Korkenzieher-Locken« modelliert – bemalt,

d) Haare als kurze »Fransenfrisur« gestaltet,

e) Haare mit Mittelscheitel, gewellt,

f) Haare kunstvoll mit Zöpfen verarbeitet, u. a.

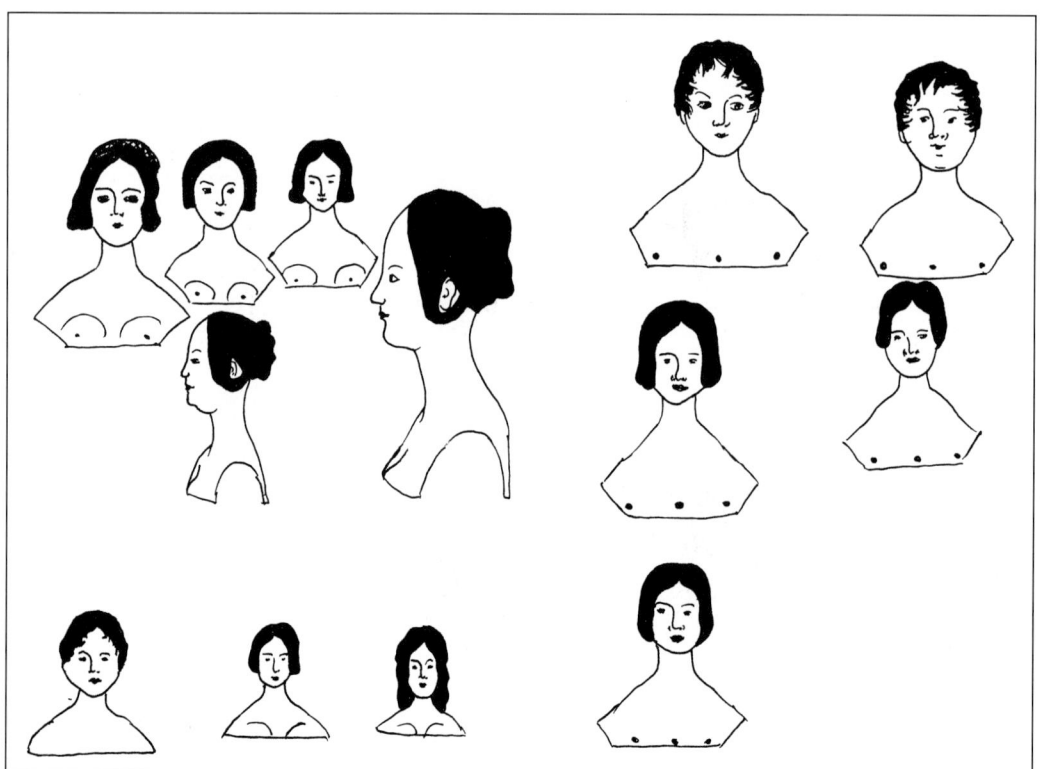

113   Puppenköpfe und Körper, um 1840/60 für Papiermachépuppen und China-Porzellanpuppen

114

115

116

117

118

119

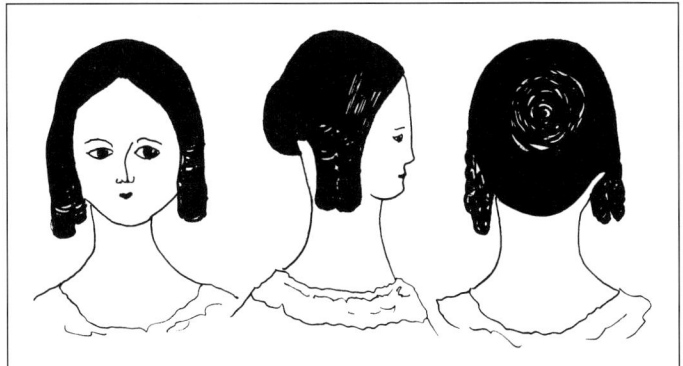

119

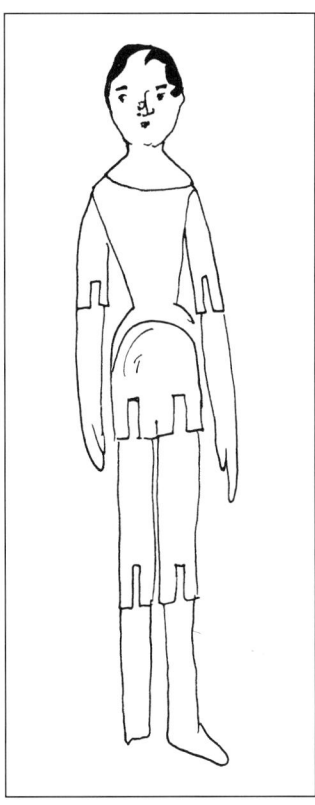

120

114 Stubenmann,
um 1840/50
Frisur für China-Porzellan-
oder Papiermachépuppe

115 Brustblattkopf
aus China-Porzellan mit
modellierter, hoher gesteckter
Knotenfrisur der Zeit um
1860/70.

116 Brustblattkopf aus
China-Porzellan, um 1860

117 Typische **»Milliner
Model«** Frisur, Biedermeier,
um 1850
für China- oder Papiermachépuppen

118 Frisur, um 1860/70
für China- und Papiermaché-
puppe

**119 Biedermeierfrisuren
mit Dutt,** um 1840/50
für Papiermaché oder China-
Porzellanpuppen

**120 Papiermachéstuben-
mann** mit Holzkörper,
um 1850

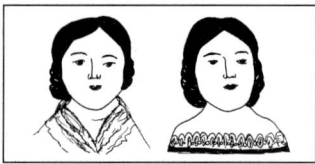

121

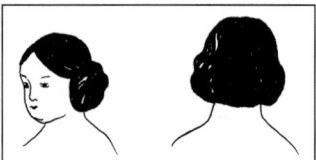

121

122

123

121

122

121   Frühe Mittelscheitel-frisuren modelliert für China-Porzellan-Puppen (auch für Papiermachépuppen), um 1840 – 1850

122   Haartrachten, um 1850 Mittelscheitel/Knoten

123   Rück- und Seitenansicht von Biedermeierfrisuren, um 1850/60 (China-, Papiermachépuppen)

124   China-Porzellanpuppe, Haartracht um 1850

125   Früher Chinaporzellanbrustblattkopf, um 1850 mit elegant modellierter Haartracht im Nacken durch ein Band gehalten. Über den Ohren sind die Haare über einen Kamm erhoben nach hinten gesteckt.

126   Brustblattpuppenkopf, um 1870/80 Typ: helle Haare, mit Schleifenband, Schleife hinten modelliert

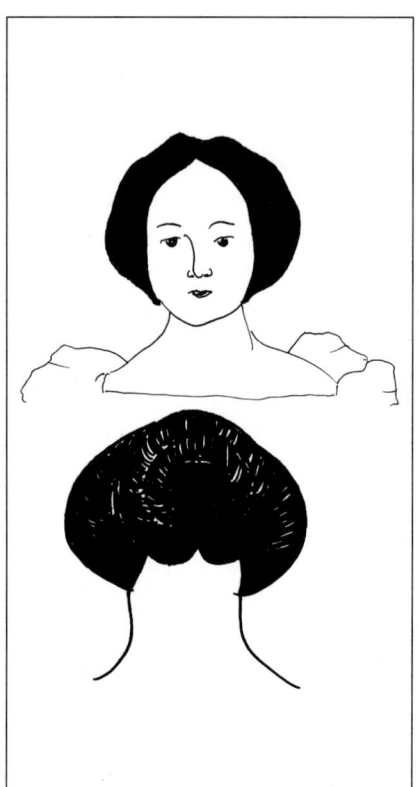

123

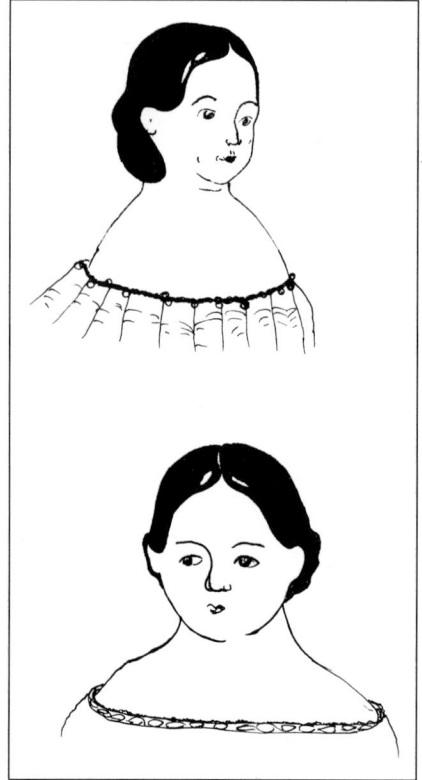

124

125

127 Brustblatt-Puppen-kopf mit Frisur, um 1870/80 gewellte, meist blonde Haare mit modelliertem, oft blauen Schleifenband, Schleife auf dem Oberkopf modelliert

128 Typische Haartracht einer China-Porzellankopf-puppe, um 1880 – 1900

Ab ca. 1860 wurden die Gesichter der Puppen auch aus diesem Material runder und kindlicher, die Hälse kürzer, die Backen stärker rot getönt. Oft wurden nun die Haare blond und kurz, gelockt oder gewellt mit Haarbändern (»Alice im Wunderland«-Band) angeboten.

126

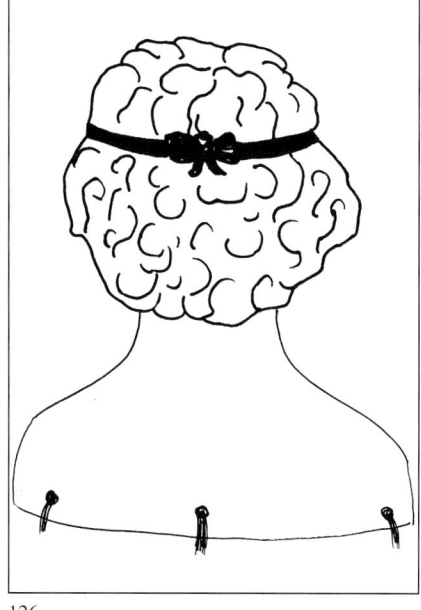

126

127

129 Beinformen
a) China-Porzellanbeine, um 1860 für Stoffbalg, gemalte Strumpfbänder, flache Wadenabschlußstiefel
b) Porzellanbein, um 1850 Biedermeierschuh, gemalt
c) frühes Holzbein zum Holz-körper, flacher Schuh, um 1840
d) Holzbein, um 1830 flacher Schuh, gemalt,
e) Porzellanbein, um 1890 (Stoffbalg) flacher, knöcheltiefer Schuh

Die Körper der China-Stubenpuppen waren meist aus Stoff in Heimarbeit hergestellt, die eine schlanke Taille und breite Hüften aufzeigten. Die Arme und Beine waren aus glasiertem Porzellan. Die Beine selbst wurden mit flachen, meist schwarz gemalten Schuhen, oft Stiefeln, versehen.

Der Kopf wurde einfach auf den Stoffbalg geklebt (bei großen Puppen mit vier Stichen durch Löcher im Porzellan auf die Schultern genäht). Die Puppen waren wenig biegsam und saßen nur schwer auf den entzückenden Miniaturmöbeln ihrer Zeit.

Die glasierten Porzellanköpfe fand man selten auch auf Grödnertalkörpern. Dieser Typ ist aufgrund der Seltenheit bei Sammlern besonders begehrt.

Ab ca. 1900, mit verstärktem Aufkommen von Biskuitporzellankopfpuppen, wurde die Produktion dieses Puppentyps zurückgestellt.

128

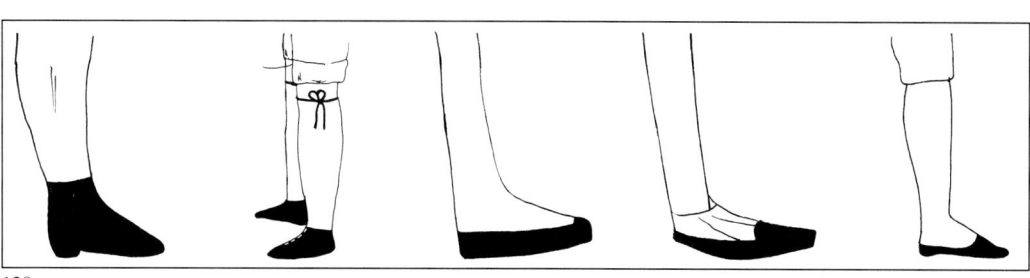

129

China-Puppe im Handel

Frühe glasierte Porzellankopfpuppen mit besonders ausgefallenen Frisuren und originaler Kleidung, in gutem Zustand, haben einen hohen Sammlerwert vor allem wieder für die Sammler früher Puppenstuben- und häuser.

Ansonsten ist der spätere Typ aufgrund der Häufigkeit, z. T. schlechter Qualität und der schlechten Dekorationsmöglichkeit (nicht biegsam) nicht so sehr beliebt. Bevorzugt werden ihnen gegenüber die Ganzbiskuit- oder Balgpuppe aus Biskuitporzellan, vor allem die mit Glasaugen (siehe später unter Biskuitporzellanpuppen).

130

131

130   Mann, um 1860
aus glasiertem Porzellan, Brustblattkopf, Bartform im Stil der Zeit, Stoffbalg mit abgenähten Fingern, Originalkleidung, vermutlich in Heimarbeit hergestellt
h: 18 cm
ca. 680 – 880 DM

131   Mann aus »China«-Porzellan, um 1860
Brustblattkopf auf Stoffbalg mit abgenähten Fingern, Originalkleidung, vermutlich in Heimarbeit hergestellt
h: 18 cm
ca. 750 – 880 DM

132   Früher, seltener Biedermeiermann,
um 1840/50
(ohne Bart), Brustblattkopf (China-Porzellan) auf Stoffbalg, Originalkleidung
h: 14 cm
ca. 750 – 850 DM
Sammlung: Uta Eckstein
Foto: Linde Rülke

133   Stubenmann, um 1860
Brustblattkopf aus China-Porzellan mit gemaltem Oberlippenbart, leichter Pagenkopf, Stoffbalg
h: 16 cm
ca. 650 – 850 DM

134   Portrait eines Stubenmannes aus China Porzellan, um 1840/50
Stoffbalg
h: 12 cm
ca. 550 – 700 DM
Sammlung: Uta Eckstein
Foto: Linde Rülke

135   Stubenmann, mit Oberlippenbärtchen aus China-Porzellan, Stoffbalg, Originalkleidung
h: 12 cm
ca. 850 – 950 DM

136   Puppenstubenfrau,
um 1850
China-Porzellan, Stoffbalg
h: 11 cm
ca. 580 – 680 DM
Sammlung: Uta Eckstein
Foto: Linde Rülke

137 Im Musikzimmer
Kleiner Biedermeierjunge aus
Chinaporzellan, um 1840
Stoffbalg, originale Kleidung
h: 9 cm
ca. 580 – 800 DM
»Mutter« aus Chinaporzellan
mit typischer symmetrisch als
Mittelscheitel frisierter Haartracht, um 1840/50
h: 12 cm
ca. 600 – 800 DM

138 Puppenstubenmutter
wie Abb. 137

139 Stubenfrau aus China-
Porzellan, um 1850
Stoffbalg, originale Kleidung
h: 14 cm
ca. 680 – 850 DM

140 Biedermeierpärchen,
um 1840
Puppenmutter, zeittypische
Frisur, mittelgescheitelt mit
bedeckten Ohren, früher
Gesichtsausdruck, Leder-
körper, originale Bekleidung
h: 12 cm
ca. 700 – 850 DM
Mann mit gemaltem
Schnauzbart, Mittelscheitel-
frisur, Stoffbalg, originale
Kleidung
h: 13 cm
ca. 750 – 900 DM

132

133

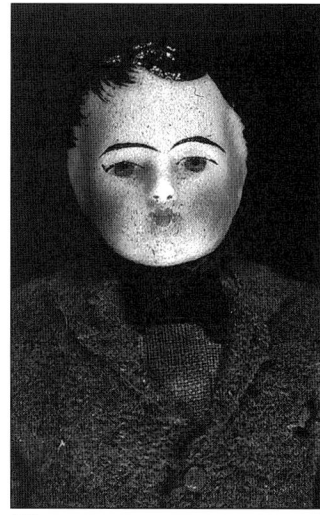

134

135

136

137

138

139

140

141

142

143

144

145

146   147

141 Pärchen, um 1840
Mann mit glasiertem Brustblattkopf auf Stoffbalg,
»früher« Gesichtsausdruck,
zeitgenössische Frisur, aufwendige Konfektionsklei-
dung der Epoche
h: 12 cm *ca. 850 – 950 DM*
Frau aus China-Porzellan,
Mittelscheitel, Haartracht
seitlich gewölbt, Stoffbalg,
originale Bekleidung
h: 12 cm *ca. 850 – 950 DM*

**142 Frühe Puppenstuben-
dame** links, um 1850
aus glasiertem Porzellan, sehr
sorgfältig gemaltes Gesicht,
gute originale Kleidung,
seltener Holzgelenkkörper
h: 12 cm *ca. 1100 – 1500 DM*
Sammlung: B. Freshwater-
Holberndt
**China-Porzellanstuben-
puppe** rechts, um 1850
Brustblattkopf, modellierte
bemalte schwarze Haare,
Mittelscheitel, Haare im
Nacken geknotet; Stoffbalg,
angesetzte Arme und Beine
aus Porzellan mit gemalten
Schuhen. Originalkleidung
h: 12 cm *ca. 480 – 750 DM*
Sammlung: Barbara Freshwater-Holberndt

143 Rückenansicht der
Puppe von Abb. 142, rechts

**144 Frühe »China«-Por-
zellan-Puppe,** um 1850/60
Brustblattkopf auf Stoffbalg,
zeitgemäße schwarze modellierte Frisur, Originalbekleidung
h: 14 cm *ca. 450 – 550 DM*

145 Kopf einer China-porzellanpuppe, um 1850
modellierte Locken, schwarz bemalt, glasiert, auffallend langer Hals

146 China-Porzellan-kopfpuppe, um 1850
Brustblatt, modellierte lange Lockenfrisur mit Mittelscheitel, schwarz bemalt, gemalte Augen, seltener Holzgelenkkörper, gemalte braune Schuhe mit kleiner Schleife, h: 12 cm
ca. 1100 – 1500 DM

147 China-Brustblatt-kopfpuppe, um 1860/70
modellierte schwarze Haare, zum Knoten frisiert, gemalte Augen, Stoffbalg, angesetzte Arme und Beine aus glasiertem Porzellan, bemalte schwarze Schuhe, originale Bekleidung, h: 15 cm
ca. 650 – 800 DM
Sammlung: Barbara Freshwater-Holberndt

148 China-Porzellan-stubenpuppe, um 1880
modellierte Hochfrisur, schwarz gemalt mit Alice-Band im Haar, Brustblatt-kopf, Stoffbalg, angesetzte Porzellanarme und -beine
h: 14 cm, *ca. 480 – 680 DM*
Sammlung: L. Stalling

149 Lustige Harlekinpuppen aus China-Porzellan
links: Stoffbalg, Porzellanarme und Porzellanbeine, gemalte Stiefelchen, originale Kleidung, h: 21 cm
ca. 550 – 650 DM
rechts: Puppe mit originaler Kleidung, h: 13 cm
350 – 450 DM
Sammlung: Barbara Freshwater-Holberndt

150 Harlekinpuppe
in Originalkleidung, China-Porzellankopf, Stoffbalg
h: 12 cm
ca. 680 – 880 DM
Sammlung: Ingrid Richen

151 China-Porzellankopf-puppe, um 1870
»Die kleine Näherin«
modellierte schwarz bemalte Haare, Stoffbalg, angesetzte glasierte Porzellanarme und -beine, bemalte Stiefelchen, originale Kleidung, h: 13 cm
ca. 480 – 550 DM
Sammlung: Barbara Freshwater-Holberndt

148

149

150

151

152

153

152   Zwei frühe China-Porzellandamen, um 1860 mit zeitgenössischer Langhaarfrisur und modellierter Schleife, Brustblattkopf, einmal mit modellierter Goldkette (sehr selten), Stoffbalg, Porzellanarme und -beine
h: 14 cm
ca. 700 – 900 DM
ca. 1300 – 1400 DM (mit Kette)
Sammlung: Susanne Jörger

153   China-Brustblattkopfpuppe, um 1870/80 mit typischer Haarmodellierung, stärker getönte Wangen, Stoffbalg mit abgenähten Fingern, originale, vermutlich in Heimarbeit hergestellte, Kleidung
h: 16 cm
ca. 500 – 700 DM

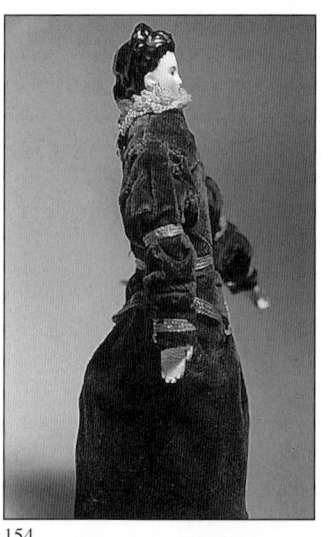

154

154

155

154   Frau, um 1880 aus Chinaporzellan, attraktive, kunstvolle Frisur, Stoffbalg mit abgenähten Fingern, originale, vermutlich Heimarbeitskleidung
h: 16 cm
ca. 500 – 700 DM

155   Frauenpuppe, um 1880 aus glasiertem Porzellan; Brustblattkopf auf Stoffbalg mit Porzellanarmen und -beinen; hoch gemalte Schuhe nach der Mode der Zeit, Originalkleidung
h: 16 cm
ca. 500 – 650 DM

156   Puppe aus Chinaporzellan, um 1880 – 1900 späte, nicht mehr so sorgfältige Bemalung, Stoffbalg, Originalkleidung
h: 12 cm
ca. 250 – 400 DM

157   China-Porzellanbaby in der Wiege (Nußschale), um 1880
h: 2 cm
ca. 250 – 350 DM
Sammlung: Uta Eckstein
Foto: Linde Rülke

158   Biedermeiernähpuppe, um 1850 glasiertes Porzellan, zeittypische Frisur
h: 12 cm
ca. 300 – 400 DM
Sammlung: Uta Eckstein
Foto: Linde Rülke

156

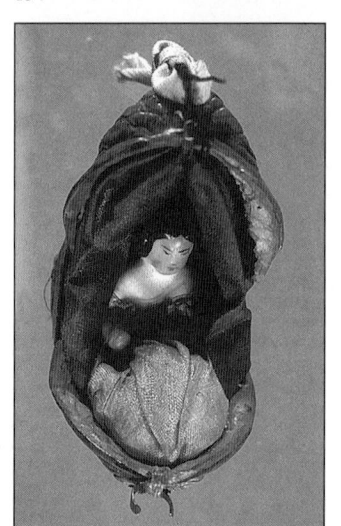

157

158

**159 Biedermeierbrust-
blattkopf** einer Frau aus glasiertem Porzellan, um 1860
mit zeitgenössischem Turban
aus Tuch
Büstenhöhe: ca. 5 cm

**160 Kleine Porzellan-
puppe,** um 1890
bemalt, mit modellierter
Kleidung
h: 3,5 cm
ca. 95 DM

**161 Kleine China-Porzel-
lanpuppe,** um 1880
Kopf auf Stoffbalg, Originalkleidung als Kindermädchen
h: 13 cm
ca. 300 – 380 DM
Baby im Steckkissen mit fein
ausmodelliertem Gesicht und
Biedermeierlockenfrisur
h: 6 cm
ca. 150 – 220 DM

159

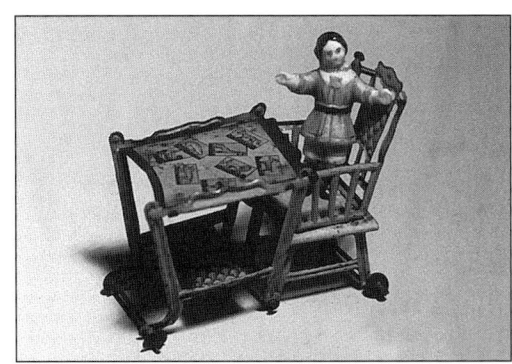

160

161

Nicht direkt als Puppenstubenpuppe kann man die »Frozen Charlotte« ab 1850 bezeichnen
(Name nach einer Moritatenheldin, die um 1830 aus Eitelkeit erfror), eine Puppe aus einem Guß,
2,5 – 50 cm Größe, aus glasiertem weißen Porzellan gegossen – auch Badepuppe – genannt.

162 Kleine Badepuppe,
um 1900
im originalen Perlenkleid
h: 9 cm
ca. 200 – 250 DM
Sammlung: Carrie Tarplett

163 Badepuppe, um 1900
China-Porzellan
h: 9 cm
ca. 120 DM

164 Badepuppen,
um 1900/10
h: 4 – 10 cm
ca. 30 – 180 DM
Seltene Form der Badepuppe
(Mitte)
mit Haaren und sorgfältig
gemalten Stiefelchen
h: 14 cm
ca. 300 DM

162

163

164

Gut angezogen findet dieser waschbare und auch schwimmfähige Puppentyp, auch aus Mangel an frühen Puppenstubenpuppen, einen Platz in der Sammlung.

Wie schon Parallelen aufzeigen, wurden auch die frühen Puppen dieses Typs sorgfältiger bemalt als die späteren.

Sie hatten meist schwarze Haare; später blonde. Einige Exemplare hatten längere, andere kürzere Haare, frühe Frisuren, blonde Haare mit Band. Es gab sogar Puppen mit kunstvoll bemalten Stiefeln. Auch gab es Orientalen und schwarze Puppen unter ihnen. Der Puppentyp wird von Stubensammlern schon ersatzweise zu Dekorationszwecken benutzt. Ansonsten werden die größeren Exemplare nur mit ausgefallenen Frisuren oder Besonderheiten in der Bemalung geschätzt. Große Badepuppen dienen oft der Raumdekoration von Badezimmern oder als Fensterdeko.

f) Frühe Puppenstubenpuppen aus nicht glasiertem, weißen Porzellan – Parian-Puppen –

Unter Parianporzellanpuppen versteht der Sammler im allgemeinen Puppen, die aus unglasiertem weißen Porzellan gefertigt wurden. Cieslik führt im Puppenlexikon an, daß Parian nichts anderes wäre als ungetöntes Biskuitporzellan. Es handelt sich jedenfalls um Brustblattkopfpuppen mit meist gemalten Augen (seltener eingesetzten Glasaugen), gemalten und unterschiedlich zu Frisuren modellierten, meist blonden Haaren, geschlossenem Mund und rosa getönten Wangen. Das Gesicht und die Körperpartien haben also keine rosa Hauttönung, im Gegensatz zu den Biskuitporzellanpuppen. Parianpuppen können extrem gut mit ihren extravaganten, aufwendigen, zeitgenössischen Frisuren und ihrer edlen, den Zeitgeist verkörpernden Kleidung, ausfallen.

165 Mode um 1850

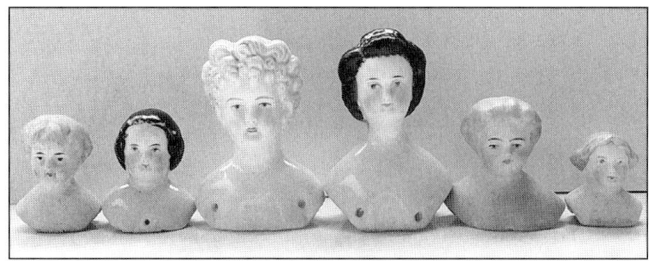

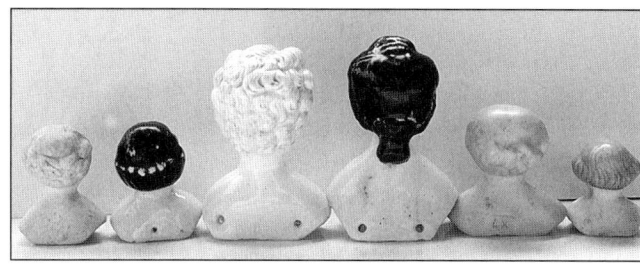

166

166

166 Frühe Schulterköpfe
aus Parian- und Biskuit-
porzellan, um 1880
Sammlung: B. Freshwater-
Holberndt

Andererseits jedoch zeigen Parianpuppen auch oft unsauberes Porzellan mit eingeschlossenen Schmutzpunkten. Viele Puppen sind auch grob bemalt und daher unschön. Aufgrund der weißen Gesichtsfarbe und des fehlenden Glanzes haben die Puppen auch oft ein »kalkiges« und stumpfes Aussehen, was dann den Sammler vom Kauf abhält (abschreckt).

Parianpuppenstubenpuppen mit guter Bemalung, ausdrucksstarker modellierter Frisur und **fabrikmäßig** aufwendig gearbeiteter Originalkleidung werden den Sammler jedoch jederzeit ansprechen und zum Sammeln veranlassen.

167 In Erwartung
Edle Pariandame mit blonder
modellierter Lockenfrisur im
Stil, um 1870
sehr sorgfältige Gesichtsbemalung, Stoffbalg, Porzellanarme und -beine, Originalkleidung
h: 18 cm
ca. 650 – 750 DM
Sammlung: Ingrid Richen

**168 Parian-Puppenstu-
benmama,** um 1880
wohl französisch, in sorgfältiger Bemalung und originaler
Kleidung
h: 17 cm
ca. 680 – 850 DM
Kleine Puppe wie Abb. 271
Sammlung: Ingrid Richen

167

168

169

169

170

171

169   Frühe Parianpuppe in edler Kleidung, um 1850/60
h: 16 cm
ca. 750 – 850 DM
Sammlung: Ingrid Richen

170   Edle Parianpuppe in zeitgenössischer Wohnkultur, um 1860
Foto: E. Bandholtz

171   Pariandame, um 1860 wohl französisch, gute Bemalung, zeitgenössische Originalkleidung
h: 16 cm
ca. 650 – 850 DM
Sammlung: Ingrid Richen

172 Sorgfältig modellierte **Parianpuppe,** um 1860/70 aufwendige Originalkleidung
h: 16 cm
ca. 800 – 1000 DM
Sammlung: Barbara Freshwater-Holberndt

173 Rückansicht der **Parianpuppe** (Abb. 172)
gut zu erkennen die kunstvoll frisierte Frisur zum tiefen Knoten.

172

173

174

174 Sehr seltene **Parianpuppe,** um 1850
mit anmodellierter Mütze und originaler Kleidung
h: 11 cm
ca. 900 – 1000 DM
Sammlung: Barbara Freshwater-Holberndt

175 Besonders attraktive **Pariandame,** um 1860/70
mit außergewöhnlicher Haarmodellierung und Bemalung, sehr eindrucksvolles Originalkleid
h: 16 cm
Liebhaberpreis
Sammlung: Ingrid Richen

175

176

176

176

177

176   Parian Puppe,
um 1860
»Nadel-Marie«
Stoffbalg, originales Schleppenkleid, Nadeln in Vorrichtung befestigt.
h: 15 cm
ca. 500 – 700 DM

177   Puppenmode um 1875

178

178   Pariandame mit
Mohairzopffrisur, um 1860
Brustblattkopf, Balgkörper,
aufwendige Originalkleidung
h: 17 cm, *ca. 1000 – 1200 DM*
Kleines Parianmädchen
von edler Qualität und guter
Modellierung
h: 6 cm, *ca. 400 – 480 DM*
Junge im Originalanzug
h: 11 cm, *ca. 380 – 480 DM*

179   In der Kinderstube,
um 1860/70
Kleiner Parianjunge (links)
mit anmodellierter Schülermütze (sehr selten) mit gelber
Troddel, Stoffbalg, originale
Kleidung
h: 12 cm
ca. 1000 DM steigend, Liebhaberpreis

Mutter, (2. v. links) »Alice-Band« im Haar, sehr sorgfältig gemalt, Rock und Schleppe auslaufend mit drei aufgesetzten blauen Schleifen
h: 14 cm
ca. 500 – 650 DM
Parian Mädchen, (2. v. rechts) sorgfältig modellierte blonde Haare, auffallend rot gemalte hohe Stiefel, entzückendes, stilvolles Originalkleid
h: 11 cm
ca. 450 – 500 DM
Kindermädchen (rechts) wie Abb. 161

180 Porträt des Parianjungen von Abb. 179 mit anmodellierter Schülermütze. Viele China-Porzellanpuppen hatten auch neben anmodellierten Mützen und zeitgemäßen Hüten, Haarnetze, Blumen u. a.

181 Großmutter auf Besuch
Zwei Pariandamen im Originalzustand
(links) Wie Abb. 178
(rechts) Modellierte Haarfrisur, Hut, sehr stilvolle Kleidung
h: 12 cm
ca. 900 – 1200 DM

182 Pariandame, um 1870 mit Haartracht ihrer Zeit
h: 16 cm
ca. 380 – 480 DM
Sammlung: Lilo Martensen

183/184 Mode um 1875 à la France

179

180

181

182

183

184

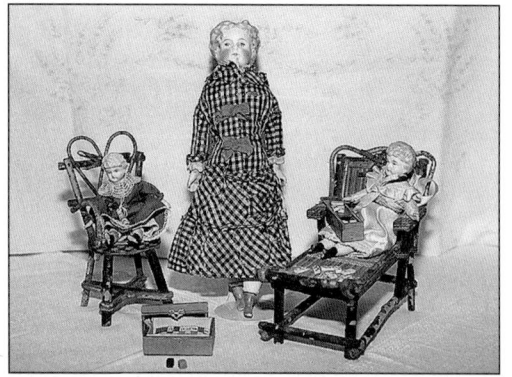

185

186

187

188

189

**185   Unter Gouvernanten-
aufsicht**
Drei typische Parianpüpp-
chen, um 1870/80
modellierte Haare, Stoffbalg
von links
h: 12 cm, 25 cm, 16 cm
ca. 350 DM,
ca. 550 – 650 DM,
ca. 300 DM

186   In der guten Stube
Edle Boulle und Biedermeier-
möbel schaffen den Hintergrund zu den zeitgenös-
sischen Puppen, um 1860
Dame in Blau wie Abb. 181

187   Frühe Parianpuppe,
um 1880
Brustblatt mit ausdrucks-
voller blonder modellierter
Haarfrisur, sorgfältige
Gesichtsbemalung, model-
lierte Schulterpartien, Stoffbalg, Porzellanarme und
-beine, gemalte Schuhe,
originale Kleidung
h: 23,5 cm
ca. 900 – 1100 DM
Sammlung: Barbara Freshwater-Holberndt

**188   Extrem seltene Pari-
anpuppen** mit exquisiter
Bemalung und ausgefallener
Modellierung (sorgfältige
Strumpfbemalung!).
Arme sind beweglich, Beine
feststehend. Den Rumpf
bildet ein eingebauter
Quietschmechanismus.
Liebhaberpreis
h: 13 cm
Foto: 11. Blue Book, Jan
Foulke, Hobby House Verlag,
Cumberland

189   Frühe Parianpuppe,
um 1850/60
h: 16 cm
ca. 650 – 850 DM

190 Parianpuppe,
um 1860
mit seltener schwarz gemalter
Frisur, Holzgelenkkörper,
Originalkleidung
h: 12 cm
ca. 550 – 750 DM

191 Seltene frühe Puppe,
um 1850
Parian-Porzellan mit dunkler,
gemalter Haarfrisur, Holzkörper, wachsüberzogene Arme
und Hände, Originalkleidung
h: 14 cm
ca. 1000 – 1100 DM

192 Parianmädchen,
um 1870
mit Alice-Band in originaler
Kleidung
h: 12 cm
ca. 400 – 500 DM

193 Puppenstubenmann,
um 1880
Parian-Brustblattkopf, Mittelscheitel, Oberlippenbart
h: 14 cm
ca. 750 – 850 DM

190

191

192

193

Biskuitporzellan

Unter Biskuitporzellan versteht der Sammler unglasiertes, hautfarben getöntes Porzellan, das dann bemalt wird. Biskuitporzellan hat einen leichten »Naturglanz«, so daß die Puppen aus diesem Material viel naturalistischer und lieblicher aussehen als die Exemplare aus Parian-Porzellan.

g) Puppenstubenpuppen mit Biskuitporzellankopf oder aus Ganzbiskuit

Wir unterscheiden u. a. folgende Typen von Puppenstubenpuppen aus Biskuitporzellan:

a) Puppenstubenpuppen mit gemalten Augen, modellierten Haaren, Brustblattkopf auf Stoffbalg mit Porzellanarmen und Porzellanbeinen. Schuhe gemalt.

a1) Mann mit Schnauzbart; um 1900/10; I = ca. 17 cm. Preis 650 – 850 DM.

Uniformierter Mann mit Bart; um 1910; I = ca. 18 cm. Preis 850 – 1.000 DM.

Mann mit Backenbart; um 1910; I = ca. 17 cm. Preis ca. 750 – 1.000 DM.

Mann ohne Bart, dünner und kleiner als der vorherige; um 1920/25. Preis ca. 450 – 650 DM.

a2) Frau mit modellierter »Zwiebelturm«-Frisur; um 1900; I = 17 cm. Preis ca. 550 – 800 DM.

a3) Frau mit Pagenkopf; um 1920. Preis ca. 350 – 450 DM.

a4) Kinder, modellierte Haare; um 1900. Preis ca. 250 – 450 DM.

b) Puppenstubenpuppen mit Glasaugen und Mohairperücke, Brustblattkopf auf Stoffbalg, mit Porzellanarmen und -beinen, Schuhe gemalt. Preis ca. 600 – 1.000 DM.

b1) Mann mit Bart. Preis 850 DM steigend. Uniformierter Mann. Liebhaberpreis.

b2) Frau. Preis ca. 850 DM steigend.

c) Puppenstubenpuppen aus Ganzbiskuit mit Glasaugen, beweglichen Armen und Beinen, gemalte Schuhe; ca. 9 cm.

c1) Kinder mit festem Kopf auf Körper. Preis ca. 500 – 650 DM steigend.

c2) Kinder mit drehbarem Kopf auf Körper. Preis ca. 550 – 800 DM. Französische Puppenstubenpuppen werden noch höher gehandelt.

d) Ganzbiskuitpuppen mit gemalten Augen, Perücken oder modellierten Haaren, mit festen Köpfen am Körper; um 1910/20. Preis ca. 300 – 400 DM.

Puppenstubenpuppen aus Biskuitporzellan auf dem Sammlermarkt

Grundsätzlich sind Puppenstubenpuppen mit Biskuitporzellanköpfen beliebt und sammelwürdig, wenn sie originale und zeitgenössische Kleidung haben.

Puppen mit Glasaugen werden denen mit gemalten Augen vorgezogen. »Männer« werden höher gehandelt als »Frauen«. »Männer in Uniform« stehen besonders hoch im Preisniveau. Je seltener die Bartform, je stärker die Bartmodellierung, umso teurer ist der »Stubenmann«!

Frauen mit seltenen Frisuren sind begehrt.

Ganzbiskuitpuppenstubenpuppen mit drehbaren Köpfen sind beliebter als die sogenannten »Stiffneck-Puppen«. Französische Stubenpuppen werden höher gehandelt als deutsche. Nicht so begehrt sind Stubenpuppen aus den 20iger Jahren in späterer Bemalung oder Brustblattpuppen mit gemalten Augen und modellierten Haaren.

194 – 201 Eine Reihe von **Puppenstubenpuppen,** um 1900, 1910 sogenannte »Stiffneck-Puppen« mit feststehenden Köpfen, eingesetzten Glasaugen, Mohairperücken, fünfteiligen Porzellankörper, gemalte Schuhe und Strümpfe, alle in originaler Bekleidung
h: 9 – 10 cm
ca. 450 – 650 DM je nach Aufwand und Schönheit der Kleidung
Foto: Auktionshaus: W. Boltz

194

195

196

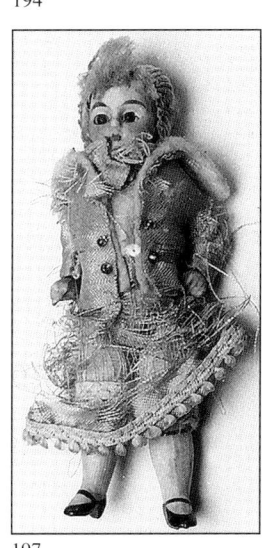

197

198

199

197

200

201

202

203

204

205

206

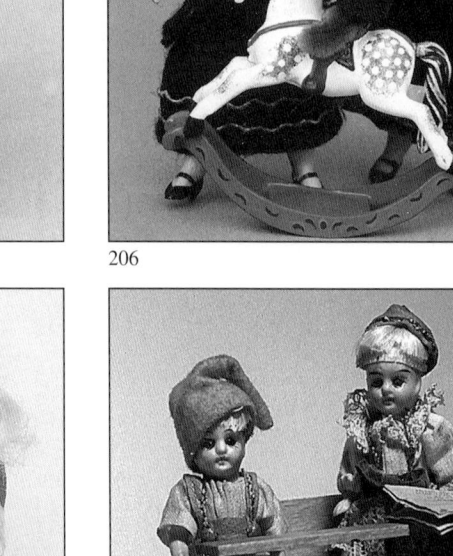

207

208

202   »Stiffneck«-Puppe
mit ausgefallener winterlicher
Bekleidung
ca. 450 – 650 DM
Sammlung: Barbara Freshwater-Holberndt

**203 – 206   Puppenstuben-
puppen,** um 1900
mit festem Kopf aus Biskuitporzellan, Glasaugen,
geschlossener Mund, originale Kleidung
h: 10 cm
ca. 500 – 650 DM
Sammlung: L. Stalling

207   Besonders schön
gekleidete **Puppenstubenpuppen**
Sammlung: Inge Schulze

**208 – 221   Kleine Ganzbis-
kuitpuppenstubenpuppen,**
um 1900 bis 1915
mit feststehenden Köpfen und
Glasaugen mit unterschiedlicher, guter, zeitgemäßer
Originalkleidung
h: 7 cm
ca. 450 – 650 DM, je nach
aufwendiger Kleidung

216   Junge
mit modellierter Schüler-
mütze und Schulranzen
(links)
h: 7,5 cm
ca. 500 – 650 DM

209

210

211

212

213

214

215

216

217

218

219

220

221

222

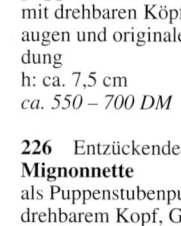

223

224

225

222   Seltene Puppenstubenpuppen
aus Ganzbiskuit als Rennfahrerpärchen mit Modellierungen
h: 7,5 cm
ca. 1300 – 1500 DM

223 – 225   Ganzbiskuitpüppchen, um 1910
mit drehbaren Köpfen, Glasaugen und originaler Kleidung
h: ca. 7,5 cm
ca. 550 – 700 DM

226   Entzückende kleine **Mignonnette**
als Puppenstubenpuppe mit drehbarem Kopf, Glasaugen, geschlossenem Mund, gute Originalkleidung
h: 10 cm
ca. 650 – 850 DM
Sammlung: Inge Schulze

227   »Ein Korb voller Mädchen«, um 1900
zauberhafte Ganzbiskuitpüppchen mit eingesetzten Glasaugen, geschlossenem Mund, Mohairhaaren, fünfteiligen Porzellankörpern originaler Bekleidung
h: 8 cm
Pro Puppe ca. 480 – 680 DM
Sammlung: Inge Schulze

228   »Winterkinder«,
um 1910
besonders gut erhaltene Stiff-Neck-Puppen
Sammlung: Inge Schulze

226

227

229 »Fein gemacht!«
besonders hübsche Ausgeh-
kleidung der Ganzbiskuitstu-
benpuppe
Sammlung: Inge Schulze

**230 Entzückende Stuben-
puppe** aus Biskuitporzellan,
um 1900
Swivel-Neck
eingesetzte Glasaugen,
geschlossener Mund, Mohairperücke, fünfteiliger Porzellankörper, gemalte Schuhe
und Strümpfe
h: 10 cm
550 – 680 DM
Sammlung: Inge Schulze

231 Puppenstubenpärchen
gemarkt A. 16/O.M
Junge: Biskuitporzellankopf,
drehbar, eingesetzte Glasaugen, geschlossener Mund,
Mohairperücke, Massekör-
per, gemalte Schuhe und
Strümpfe, Originalbekleidung
Mädchen: Beschreibung wie
oben
h: 14 cm
pro Puppe: ca. 450 – 580 DM
Sammlung: Barbara Freshwater-Holberndt

**232 Ganzbiskuitpuppen-
stubenpuppe** aus Frankreich
Kurbelkopf, gemalte Augen,
geschlossener Mund, Mohairperücke, beweglich ange-
setzte Arme und Beine mit
hellblau gemalten Stiefelchen, originale Bekleidung
h: 8,5 cm
350 – 450 DM
Foto: Auktionshaus I. Beil

233 Pärchen
»Stiffneck«-Puppenstuben-
puppen aus Biskuitporzellan,
feststehender Kopf, eingesetzte Glasaugen, geschlossener Mund, Mohairperücke,
fünfteiliger Porzellankörper, gemalte Schuhe und
Strümpfe, weniger interes-
sante Kleidung des Jungen
Mädel h: 10 cm
ca. 450 DM
Junge h: 9 cm
ca. 300 – 350 DM
Sammlung: Barbara Freshwater-Holberndt

228

229

230

231

232

233

234

235

236

237

238

239

234 Puppenkopf, um 1910
Sammlung: Uta Eckstein
Foto: Linde Rülke

**235 – 241 Ganzbiskuit-
püppchenparade,** um 1910
h: ca. 7 – 8 cm
*ca. 400 – 680 DM mit
Glasaugen
ca. 300 – 500 DM mit
gemalten Augen*

240

241

242 »Struwwelpeter«
(Haare etwas »gelitten«),
originale Struwwelpeterklei-
dung
h: 8 cm
ca. 850 – 900 DM

**243 Außergewöhnliche
Puppenstubenpuppe**
geschlossener Mund, Glasaugen
h: 8 cm
ca. 550 – 700 DM

244 Puppenstubenpuppe,
um 1900
mit seltener, aufwendiger
Kleidung
h: 8 cm
ca. 700 – 800 DM

**245 Entzückende Ganz-
biskuitpuppe,** um 1900
mit drehbarem Kopf, Glasaugen, geschlossener Mund
h: 8 cm
ca. 600 – 700 DM

246 Zwei Trachtenpuppen
aus Biskuitporzellan
h: 8 – 9 cm
ca. 350 – 450 DM

**247 Aus einem Musik-
automaten**
Puppenstube mit beweglichen
Püppchen
Kleine Puppe mit Biskuitpor-
zellankopf, Glasaugen, offe-
ner Mund, Mohairperücke,
Massekörper, originale
Bekleidung
h: 9 cm
Auktionspreis der Stube mit
5 Püppchen und Spielzeug
ca. 10000 DM
Foto: Auktionshaus Boltz

248 Musikautomat
(Spieluhr)
Im Weihnachtszimmer sind
die Puppen bei der Bescherung: Ein Junge schaukelt,
der Baum dreht sich, die
anderen Puppen bewegen
Spielsachen beim Drehen der
Handkurbel.
1 der Stube: 28 cm
Liebhaberpreis

242

243

244

245

246

247

248

249

250

251

252

253

254

255

256

249   Ganzbiskuitpuppe,
um 1900
mit drehbarem Kopf und
Glasaugen
h: 8 cm
ca. 450 – 550 DM
Kleine Püppchen aus Ganzbiskuit in originaler Häkelkleidung
h: ca. 3 cm
je ca. 100 – 150 DM

250   Blick in die Vitrine
mit Miniaturspielzeug,
um 1900

**251   Französische Puppen-
stubenpuppe,** um 1890/1900
mit Swivel-Neck und gemalten Augen, Mohairperücke
h: 7 cm
ca. 350 – 450 DM

**252   Seltene französische
Ganzbiskuitpüppchen,**
um 1880/90
in aufwendiger Kleidung
h: 7 cm
je ca. 450 – 550 DM

**253 – 256   Kleine Ganzbis-
kuitpüppchen** mit Kurbelkopf aus Frankreich, fünfteiliger Porzellankörper,
gemalte blaue Schuhe sehr
elegante und aufwendige
Bekleidung für diese kleinen
Puppen
h: 7 cm
je Puppe ca. 450 – 650 DM
Foto: Auktionshaus: I. Beil

257 – 260 Französische Puppenstubenpüppchen
mit drehbarem Kopf, gemalten Augen, Mohairperücke, 5-teiligem Porzellankörper und gemalten Schuhen. Besonders entzückend ist die originale Kleidung.
h: 7 – 8 cm
je ca. 650 – 800 DM
Sammlung: Ingrid Richen

261 Drei besonders reizende **französische Puppenstubenpuppen** aus Ganzbiskuit (Mignonnetten), um 1900
in aufwendiger Kleidung
h: 7 cm
ca. 750 – 800 DM

262 Pärchen mit älterer Schwester
von links: Mädchen, Brustblattkopf mit modellierten Haaren, gemalte Augen, Balg, originaler Kleidung
h: 10 cm
ca. 380 – 450 DM
Junge, Beschreibung wie oben
h: 10 cm
ca. 380 – 450 DM
Größere Puppe
h: 11 cm
ca. 350 – 400 DM

263 Drei **Biskuitpüppchen,** um 1900/10
mit blond modellierten Haaren und Stoffbälgen
h: 9 cm
je ca. 280 – 350 DM

257

258

259

260

261

262

263

264

265

266

267

264 Geschwister
Brustblattpuppen mit modellierten Haaren, Stoffbälgen und guter originaler Kleidung
h: 10 cm
je ca. 380 – 450 DM

265 Zwei Ganzbiskuit-püppchen mit Original-pferdchen, festgesetzte Bein-stellung zur Sitzhaltung, originale Kleidung
h: ca. 8 cm
mit Pferd je ca. 550 – 650 DM

266 Kinder mit modellier-ter Frisur
von links: Brustblattkopf auf Stoffbalg um 1900/10
h: 9 cm
ca. 280 – 350 DM
Kleiner Ganzbiskuitjunge, um 1910, feststehender Kopf, gemalte Schuhe und Strümpfe
h: 6 cm
ca. 180 – 280 DM
Puppe mit »Alice im Wun-derland«-Haarband
h: 9 cm
ca. 300 – 400 DM
Sammlung: Uta Eckstein
Foto: Linde Rülke

267 Puppengruppe,
um 1910
mit modellierter Haartracht
h: 7 – 10 cm
von 200 – 400 DM
Sammlung: Uta Eckstein
Foto: Linde Rülke

268 »Kleine Damen«
Brustblattkopfpuppen in schöner Originalkleidung
h: 9 cm
je ca. 380 – 450 DM

269 Puppenautomat,
um 1880
Beim Drehen der Handkurbel ertönt Musik (Spieluhr); die Püppchen drehen sich im Kreis.
Liebhaberpreis ca. 1800 DM

270 Beim Spiel Kleiner Stubenjunge, um 1870/80 mit Brustblattkopf auf Stoff-balg. Der Kopf zeigt eine besondere sorgfältige Bema-lung; modellierte Haare, originale Bekleidung.
h: 12 cm
ca. 350 – 420 DM (wegen guter Bemalung) relativ hoher Preis
Sammlung: Barbara Freshwa-ter-Holberndt

268

269

271 Edle Kinder der französischen Puppenstube, um 1880
links und rechts zwei Knaben aus Ganzbiskuit mit drehbaren Köpfen auf fünfteiligem Porzellankörper. Sehr sorgfältige Gesichtsbemalung, modellierte Jungenfrisur mit Mittelscheitel, gemalte Schuhe, entzückende originale Bekleidung aus edlen Stoffen.
h: 7 cm
je ca. 450 – 600 DM
Mitte: Brustblattkopfpuppe, modellierte blonde Haare mit beliebtem »Alice«-Band, sorgfältige Gesichtsbemalung, Stoffbalg, Originalkleidung
h: 10 cm
ca. 400 – 550 DM
Sammlung: Ingrid Richen

272 Kleine Ganzbiskuitpüppchen, um 1900
mit modellierten Haaren, die größere Puppe hat besonders aufwendig modellierte und bemalte Schuhe
h: 8 cm
ca. 350 – 380 DM

273 Kleine Biskuitporzellanpuppe, um 1900
bei der Ausfahrt, modellierte blonde Haare, sehr sorgfältige Gesichtsbemalung, originale Kleidung
h: 8 cm
ca. 280 – 380 DM

270

271

272

273

274

275

276

277

278

279

274 Ganzbiskuitpüpp-chen, um 1890
in Originalkleidung
links h: 11,5 cm
ca. 320 – 380 DM
rechts h: 12 cm
ca. 300 – 350 DM
Sammlung: B. Freshwater-Holberndt

275 Spielende Kinder,
um 1900/10
links und rechts zwei Ganz-biskuitpüppchen mit model-lierter Frisur, gemalte Augen und fünfteiliger Porzellankör-per.
Die Bemalung des Biskuits bei den kleinen Püppchen ist oft ziemlich grob, originale Häkelbekleidung
h: 7 cm
je Puppe: ca. 150 – 180 DM
Puppe in der Mitte: Brust-blattkopf auf Stoffbalg, blonde modellierte Haarfrisur mit »Alice«-Band, sorgfältige Gesichtsbemalung, Trachten-bekleidung.
h: 8 cm
ca. 250 – 320 DM
Sammlung: Barbara Freshwa-ter-Holberndt

276 Kleine Puppenmutter
aus Biskuitporzellan mit modellierter, blond bemalter Frisur, gemalte Augen, Stoff-balg
h: 10 cm
250 – 350 DM
Sammlung: L. Stalling

277 Pariandame
wie Abb. 175,
besonders qualitätsvolle »Ganzbiskuitkinder« (French-Type) wie Abb. 271
Sammlung: Ingrid Richen

278 Puppenstubenkinder,
um 1890
mit modellierter Haartracht, originale Kleidung
h: 8 cm
je ca. 380 – 480 DM
Sammlung: Inge Schulze

279 Familienfoto, um 1890
v. l. n. r. in originaler Bekleidung:
»Mutter«: Biskuitporzellankopf auf Stoffbalg, »Zwiebelturmfrisur«
h: 14 cm
ca. 450 – 650 DM
Mädchen: Brustblattkopf,
modellierte Haare, Stoffbalg
h: 9 cm
ca. 250 – 350 DM
Ganzbiskuitpüppchen
h: 5,5 cm
ca. 80 – 120 DM
Brustblattpüppchen mit Stoffbalg, modellierte Haare mit
»Alice«-Band
h: 7,5 cm
ca. 280 – 380 DM
Junge: Brustblattkopf auf
Stoffbalg, wenig ausgeprägte
Modellierung
h: 12 cm
ca. 250 – 380 DM
Sammlung: Barbara Freshwater-Holberndt

**280 Französische Puppen-
mode** um 1870

**281 Kleine Kindergruppe
in der Konditorei**
modellierte Haare, Biskuitporzellan, Stoffbalg, gemalte
Augen
Junge im Hintergrund
h: 8 cm
je ca. 250 – 300 DM
Mädchen mit modellierter
Schleife und Schneckenfrisur
ca. 250 – 450 DM
Sammlung: G. Ott

**282 Kleine Biskuitporzel-
lanpuppe**
in Walnußschale, modellierte
Haare, gemalte Augen
h: 2 cm *mit »Wiege«*
ca. 250 – 350 DM

283 Beim Einkauf
Frühe Puppenstubenpuppe
mit Brustblattkopf, um 1880
blonde, modellierte Haare,
gemalte Augen, sorgfältige
Bemalung, sehr zeittypische
originale Kleidung
h: 14 cm
ca. 450 – 600 DM
Sammlung: Barbara Freshwater-Holberndt

284 Hoch zu Roß
2 Jungen mit Brustblattkopf,
um 1860
modellierte Haare auf Stoffbalg, originale Bekleidung

280

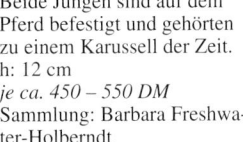
283

Beide Jungen sind auf dem
Pferd befestigt und gehörten
zu einem Karussell der Zeit.
h: 12 cm
je ca. 450 – 550 DM
Sammlung: Barbara Freshwater-Holberndt

281

282

284

285

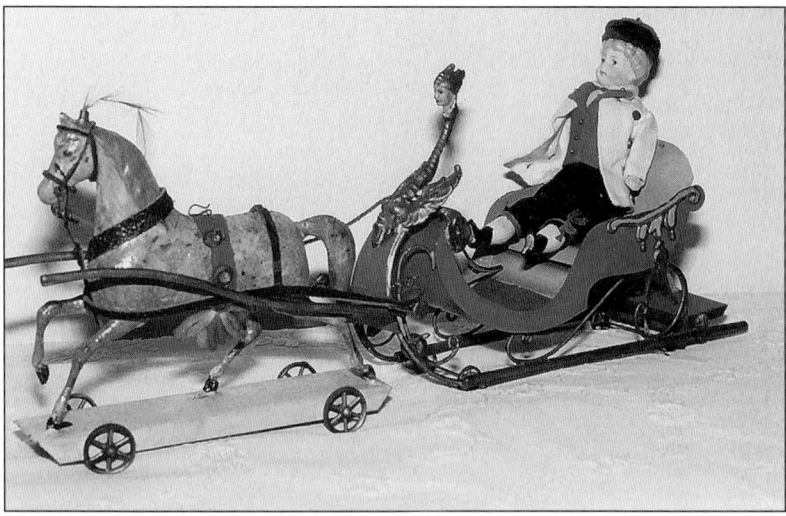

286

287

288

289

285 Ungleiches Paar
kleine Brustblattkopfpuppen,
um 1890
mit blonder modellierter
Kurzhaarfrisur, Glasaugen
(selten), originale Tracht
h: 18 cm
ca. 1100 – 1500 DM
Ganzbiskuitjunge mit feststehendem Kopf, um 1915 mit
modellierter Lockenfrisur
und gemaltem Gesicht; originale Bekleidung auf dem
fünfteiligen Porzellankörper
h: 18 cm
ca. 350 – 400 DM
Foto: Auktionshaus Boltz

286 Schlittenfahrt
kleine Puppe mit Brustblattkopf auf Stoffbalg, um 1880
modellierte blonde Kurzhaarfrisur, originale Bekleidung
h: 22 cm
ca. 680 – 800 DM

287 Ganzbiskuitmädchen,
um 1910
in Originalkleidung, sehr gute
Bemalung
h: 8 cm
ca. 380 – 480 DM

288 Brustblattkopfpuppe
mit modellierter Haarfrisur,
Glasaugen (selten) und
geschlossenem Mund, Lederbalg, Porzellanarme und -
beine, originale Truhe mit
Kleidung
h: 23 cm
mit Zubehör
ca. 2200 – 2500 DM

289 »Ich komme mit zum Einkaufen«
Entzückender kleiner Junge,
um 1910
mit modellierter Frisur und
netter Originalkleidung,
selten
h: 8 cm
ca. 450 – 600 DM

290 Treff mit Hund
Junge und Mädchen aus
Ganzbiskuit, gemalte Augen,
bewegliche Arme und Beine
h: ca. 8 cm
je ca. 350 – 400 DM
Sammlung: Uta Eckstein
Foto: Linde Rülke

**291 Pärchen aus Ganzbis-
kuit,** um 1900/10
mit drehbarem Kopf (sehr
selten), gute konfektionierte
Kleidung
h: 8 cm
je 450 – 580 DM

**292 Hänsel und Gretel
(mit Hexe),** um 1910
Ganzbiskuitpüppchen in
originaler Kleidung
Hänsel und Gretel: je 8 cm
je 280 – 380 DM
Hexe: 12 cm
nicht gefragt, nur im Zusam-
menhang mit Hänsel und
Gretel als Gruppe
ca. 1200 DM

**293 Kleiner Ganzbiskuit-
junge,** um 1900
gut erhaltene Originalkleidung
h: 8 cm
ca. 380 – 450 DM

294 Brustblattkopfpuppe,
um 1890
mit Glasaugen (selten), Originalkleidung
h: 15 cm
ca. 750 – 850 DM
Sammlung: Uta Eckstein
Foto: Linde Rülke

290

291

293

292

294

295

296

298

297

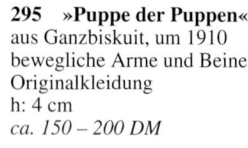

299

295 »Puppe der Puppen«
aus Ganzbiskuit, um 1910
bewegliche Arme und Beine,
Originalkleidung
h: 4 cm
ca. 150 – 200 DM

296   Schulbuben, um 1915
aus Ganzzelluloid in besonders niedlicher Originalkleidung

297   Originalkleid,
um 1900
auf Ständer
Gesamthöhe 25 cm

298   »Kinderreigen«,
um 1920
eine Gruppe von Biege-
puppen mit Zinnfüßen
(frühes Zeichen!)
h: 9 cm

**299   Kleine Charakter-
puppe** aus Zelluloid,
um 1920
h: 8 cm

**300 Elegante Puppen-
stubendame,** um 1900/1910
Brustblattkopf aus Biskuitporzellan, gemalte Augen,
geschlossener Mund, zur
Hochfrisur frisierte Mohairperücke, Stoffbalg, Porzellanarme und -beine, originale
Bekleidung
h: 13,5 cm
ca. 580 – 780 DM
Sammlung: Barbara Freshwater-Holberndt

301 Puppenmode um 1870

**302 Elegante Puppen-
stubenpuppe** mit Brustblattkopf, um 1900/1910
aus Biskuitporzellan, gemalte
Augen, geschlossener Mund,
Mohairperücke, Stoffkörper,
Porzellanarme mit Drahtge-
stell am Körper befestigt,
originale Kleidung
h: 19 cm
ca. 650 – 880 DM
Sammlung: Barbara Freshwater-Holberndt

300

300

301

302

302

303

304

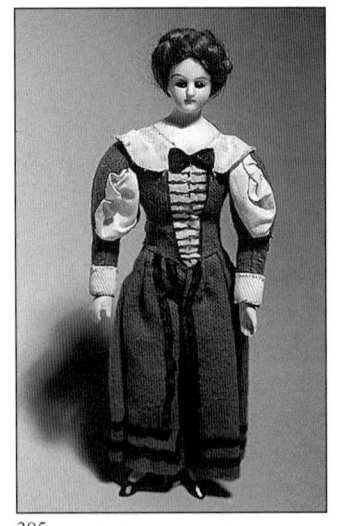

303

305

306

303 Dame, um 1890
in aufwendiger Kleidung und
»atemberaubendem« Kopf-
schmuck (original), Brustblattkopf, Glasaugen (selten)
h: 17 cm
ca. 700 – 850 DM

304 Zum Ausgang bereit!
Kleidung vor 1900

**305 Seltene, damenhafte
Puppe,** um 1890
in originaler Kleidung, Glasaugen, Perücke
h: 17 cm
ca. 700 – 900 DM

306 Puppe, um 1880
mit Glasaugen und Perücke
h: 17 cm
ca. 800 – 900 DM

307 Seltene »Dame«,
um 1890/1900
Brustblattkopf, Glasaugen,
Perücke, gute Originalkleidung
h: 17 cm
ca. 750 – 900 DM

308 Damenhafte Puppe,
um 1890
mit Glasaugen und Perücke
h: 17 cm
800 – 900 DM

307

307

308

309 »**Mutter**« der Firma
Simon und Halbig (gemarkt),
um 1900
Brustblattkopf, Glasaugen,
Hochfrisur aus Echthaar
h: 15 cm
ca. 850 DM

310 Kleine Szene:
In der Konditorei
Mann ca. 18 cm, um 1900,
Massekopf, Balgkörper,
originale Kellnerbekleidung
ca. 850 – 1000 DM
Dame, um 1900, Brustblattkopf mit modellierter »Zwiebelturmfrisur« aus Biskuitporzellan, Stoffbalg, Porzellanarme und -beine,
Originalkleidung
h: 14 cm
850 – 1000 DM
Sammlung: G. Ott

311 **Puppenstubenmutter-
parade,** um 1900
Frisuren im Vergleich
Sammlung: Uta Eckstein
Foto: Linde Rülke

312 **Elegante Dame mit
auffälligem Hut,** um 1890
Brustblattkopf auf Stoffbalg
mit Glasaugen und Mohair-
perücke
h: 14 cm
ca. 850 – 950 DM
Im Vordergrund original
gekleidete **Stiffneck-Puppe**
Sammlung G. Ott

313 **Portrait einer Puppenstubenmutter,**
um 1900
mit modellierter Hochfrisur
Sammlung: Uta Eckstein
Foto: Linde Rülke

314 **Außergewöhnliche
Puppenstubenmutter,**
um 1900
Brustblattkopf, Glasaugen
(selten) frisierte Mohairperücke im Stil ihrer Zeit,
seltene, gute Originalkleidung
h: 15 cm
ca. 850 – 1000 DM

315 **Puppenstubenmutter,**
gemarkt Simon und Halbig,
um 1900
Glasaugen, Mohairhaare
h: 12 cm
ca. 800 – 900 DM

309

310

311

312

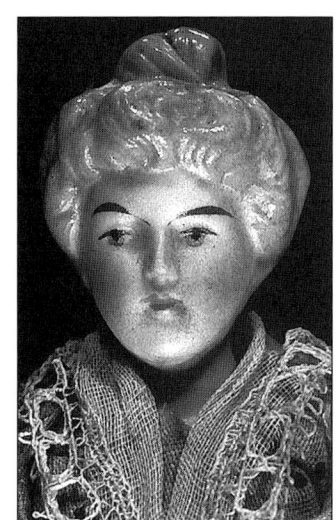

313

314   315

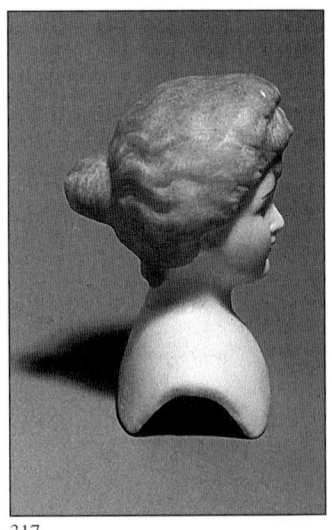

316

317

317

318

319

320

321

316   Puppenstubenmutter,
1900
mit Glasaugen und Mohairperücke
h: 14 cm
ca. 800 – 900 DM

317   Brustblattkopf aus
Biskuitporzellan mit zeittypisch modellierter Frisur,
um 1900
Kopfhöhe: 4 cm

318   »Schwätzchen«,
um 1900
Frau in rotem originalem
Kleid
h: 14 cm
500 – 700 DM
Sammlung: Uta Eckstein
Foto: Linde Rülke

319   »Mutter« um 1900
Originalkleidung
h: 14 cm
ca. 500 – 700 DM

320   Zum Ausgehen bereit
Puppenstubenmutter mit
hoher »Zwiebelturmfrisur«
und außergewöhnlicher Originalkleidung
h: 14 cm
ca. 650 – 800 DM

321   »Zwiebelturmmutter«, um 1900
mit zeitgenössischer Fabrik-
Kleidung
h: 17 cm
ca. 700 – 800 DM

**322   Außergewöhnliche
Puppenstubendame,**
um 1900
im erstklassigen Erhaltungszustand
h: 17 cm
ca. 1000 DM

323   »Im Gespräch«
zwei Puppenmütter, um 1900
mit modellierter Dutt-Frisur
h: ca. 14 cm
je ca. 650 – 700 DM

324   Puppenstubendame,
um 1920
mit modellierter Pagenkopffrisur und originaler zeitgenössischer Kleidung
h: 12 cm
ca. 550 – 680 DM

**325 Elegante Puppen-
stubendame,** um 1900
mit Brustblattkopf aus Biskuitporzellan, sehr sorgfältige
Bemalung, geschlossener
Mund, Stoffbalg, Porzellanarme und -beine, Originalkleidung, h: 14 cm
850 – 1000 DM
Sammlung: Inge Schulze

326 Puppenstubenmutter,
um 1900
mit Brustblattkopf aus Biskuitporzellan, frisierte Hochfrisur, gemalte Augen und
geschlossener Mund, Stoffbalg, Porzellanarme und
-beine, Originalbekleidung
h: 14 cm
ca. 650 – 850 DM
Sammlung: Inge Schulze

327 Puppenstubenfrau,
um 1900
mit modellierter Hochfrisur,
gemalte Augen, geschlos-
sener Mund, Stoffbalg, Porzellanarme und -beine, Originalkleidung, h: 14 cm
500 – 680 DM
Sammlung: Inge Schulze

328 Seltene Stubenpuppe,
um 1900
Brustblattkopf aus Biskuitporzellan, sorgfältige
Gesichtsbemalung, geschlossener Mund, Mohair-hochfri-
sur, Stoffbalg mit Porzellanarmen und -beinen, gemalte
Schuhe, Originalkleidung
h: 14 cm
700 – 850 DM
Sammlung: Inge Schulze

**329 Edle Puppenstuben-
dame,** um 1900
Brustblattkopf, sehr sorgfältige Gesichtsbemalung,
Mohairperücke, Stoffbalg,
Porzellanarme und -beine,
gemalte Stiefelchen mit meh-
reren Riemchen (selten),
Originalkleidung, h: 14 cm
ca. 650 – 750 DM
Sammlung: Inge Schulze

330 Puppenstubenfrau,
um 1900
Kopf aus Biskuitporzellan,
sehr ausdrucksstarkes Gesicht,
sorgfältig gemalte Augen,
geschlossener Mund, originale Mohairperücke, Stoffbalg mit angesetzten Armen
und Beinen aus Porzellan,
Originalbekleidung
h: 14 cm
ca. 650 – 850 DM
Sammlung: Inge Schulze

322   323   324

325   326   327

328   329   330

331

332

331   Puppenstubenoma,
um 1880
mit schwarzer modellierter
Haartracht
h: 14 cm
ca. 650 – 700 DM

332   Treff der Omas,
um 1900/10
von rechts: Oma mit Mohairhaaren
h: 12 cm
ca. 400 – 500 DM
Oma mit modellierter Frisur
h: 14 cm
ca. 500 – 650 DM
Oma mit gemalten Haaren
h: 12 cm
ca. 450 – 600 DM

333   Großeltern, um 1920
Oma mit ernstblickendem
Gesichtsausdruck, etwas
streng, dunkle modellierte
Haarfrisur
h: 13 cm
ca. 400 – 550 DM
Opa: Glatze mit seitlich
modelliertem grauen Haar,
Originalanzug
h: 13 cm
ca. 400 – 500 DM

334   Dienstmädchen
Puppenstubenfrau, um 1900
Brustblattkopf aus Biskuitporzellan, gemalte Augen,
geschlossener Mund, originale Mohairperücke zur
Hochfrisur geformt, Stoffbalg, Porzellanarme und
-beine, Originalkleidung
h: 13 cm
ca. 450 – 650 DM
Sammlung: Inge Schulze

333

334

335 Puppenstubenmutter,
um 1870
mit modellierten Haaren,
Porzellan-Brustblattkopf,
Stoffbalg mit angesetzten
Armen und Beinen aus Por-
zellan
h: 13,5 cm
ca. 480 – 600 DM
kleine Puppenstubenpuppe
modellierte leicht gelockte
blonde Haare, Beschreibung
wie oben, originale Bekleidung
h: 7 cm
ca. 250 – 300 DM
Sammlung: L. Stalling

336 »Kindermädchen«,
um 1900
Biskuitporzellankopf mit
»Zwiebelturm«-Frisur, Stoffbalg, Porzellanarme und
-beine, originale Bekleidung
h: 14 cm
ca. 450 – 550 DM
Kleine Puppe
ca. 120 – 160 DM
Sammlung: L. Stalling

337 »Hausmaid«, um 1890
besonders sorgfältig modellierter und bemalter Brustblattkopf mit Hochfrisur und
auf die Stirn »gelegte
Locken« (selten), Stoffbalg,
Originalkleid
h: 23 cm, (Größe – selten!)
ca. 1000 – 1300 DM

**338 »Mutter mit Kin-
dern«,** um 1900/10
h: 8 – 12 cm
Sammlung: Uta Eckstein
Foto: Linde Rülke

335

336

337

338

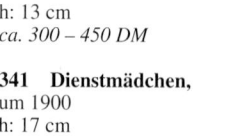

339   Dienstmädchen,
um 1900
Brustblattkopfpuppe mit
modellierter Hochfrisur,
originale Dienstbotenklei-
dung
h: 14 cm
ca. 500 – 650 DM

340   Dienstmädchen,
um 1900
Brustblattkopf auf Stoffbalg,
modellierte blonde Haare
h: 13 cm
ca. 300 – 450 DM

341   Dienstmädchen,
um 1900
h: 17 cm
ca. 650 – 700 DM
Sammlung: Uta Eckstein
Foto: Linde Rülke

342   Hausgehilfinnen,
um 1900/10
Sammlung: Uta Eckstein
Foto: Linde Rülke

343   Kinderfrau, um 1920
Brustblattkopf, gemalte
Augen, Mohairhaare zur
Hochfrisur gesteckt, Originalkleidung
h: 16 cm
ca. 480 – 600 DM

**344   Hausangestellte
mit Hochfrisur,** um 1900
konfektionierte Original-
kleidung
h: 12 cm
ca. 550 – 680 DM

345   »Gärtnerin«, um 1890
mit ausgeprägter Gesichts-
modellierung und Hochfrisur,
Originaltracht
h: 17 cm
ca. 550 – 680 DM

346   Frau in Volkstracht,
um 1900
Brustblattkopf mit modellierter Frisur
h: 14 cm
ca. 400 – 500 DM

**347   Hausdiener und Zim-
mermädchen,** um 1900
Hausdiener mit Backenbart
h: 14 cm
ca. 700 – 850 DM
Mädchen
h: 12 cm
ca. 500 – 650 DM
Beide in originaler Kleidung

339

340

341

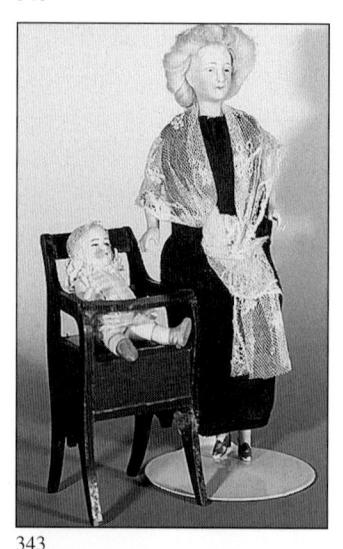

342

343

344

345

346

347

348 Männer unter sich,
um 1900
Sammlung: Uta Eckstein
Foto: Linde Rülke

349 »Großvater« – Stubenmann aus Biskuitporzellan, um 1915 – 1920
sehr starke Gesichtsmodellie-
rung, aufgeklebte Mohair-
haare (selten), Brustblattkopf
auf Stoffbalg, aufgesetzte
Porzellanarme und -beine
h: ca. 14 cm
ca. 780 – 900 DM
Sammlung: Birgit Muusmann

350 Stubenmann aus Biskuitporzellan mit seltenem,
stark modelliertem Bart,
gemalten Augen, Stoffbalg
mit Porzellanarmen und
-beinen
h: 14 cm
ca. 850 – 1000 DM
Sammlung: L. Stalling

351 Seltener und stark
modellierter, eleganter **Puppenstubenmann,**
um 1880/90

352 Ausdrucksstarker und
sehr seltener **Stubenmann,**
um 1890
mit Glasaugen, gemaltem
Oberlippen- und Spitzbart,
gemalte braune (selten)
Haare, Stoffbalg
h: 14 cm
ca. 850 – 1000 DM

353 Sehr seltenes **Portrait
eines Lehrers,** um 1890/1900
mit gemalter Brille und
gemaltem Lederkäppi, Ori-
ginalkleidung
h der Puppe: 14 cm
*ca. 1000 – 1200 DM und
Liebhaberpreis*
Sammlung: Uta Eckstein
Foto: L. Rück

**354/355 Puppenstuben-
männer,** um 1880
Originalkleidung
h: 12 cm
je ca. 650 – 780 DM

348

350

353

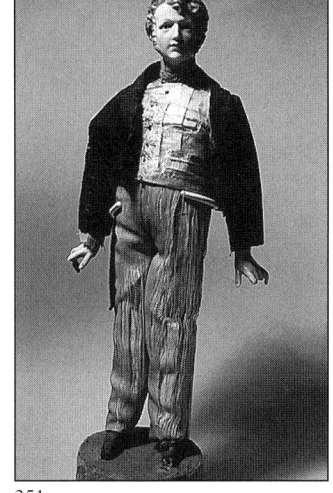
351

354

349

352

355

356

357

357

356 Puppenstubenmann,
um 1880
mit schwarzer mittelgeschei-
telter Haarfrisur und Oberlippenbart, Originalkleidung
h: 12 cm
ca. 650 – 780 DM

357 Puppenstubenmann,
um 1900
in originalem Hausrock mit
Pfeife
h: 14 cm
ca. 700 – 880 DM

358 Stolzer Vater, um 1900
Oberlippenbart, originale
Hauskleidung
h: 14 cm
ca. 650 – 700 DM

359 Vater, um 1910
h: 17 cm
ca. 680 – 800 DM

360 Männer, um 1920
weniger starke Modellierung,
Bärte entfallen
h: 12 – 15 cm
je ca. 400 – 520 DM

361 Männer, um 1900
h: ca. 17 cm
je ca. 650 – 850 DM

**362 Außergewöhnliche
Männer**
möglicherweise zu einem
Puppentheater gehörig
h: 17 cm
je ca. 500 – 600 DM

363 Puppenmann,
um 1900
mit »home made« Kleidung
h: 17 cm
ca. 600 – 700 DM

358

359

360

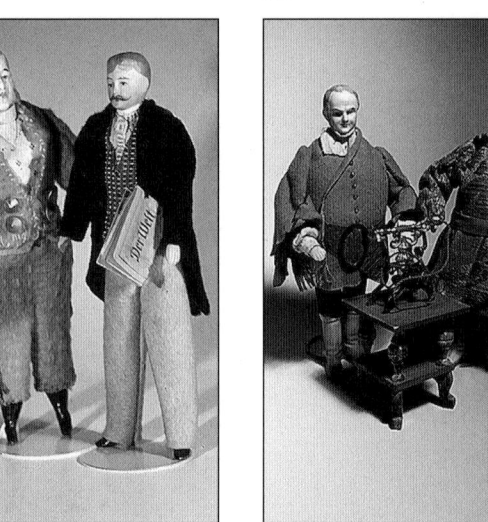

361

362

363

364 Seltener Puppenstubenmann, um 1890/1900 mit gemaltem Oberlippenbart und Zylindermodellierung, Originalkleidung
h: 14 cm
ca. 700 – 850 DM

365 Mal groß, mal klein
Puppenstubenpuppen mit modellierten Hüten,
um 1890/1900
Mann: h: 12 cm
ca. 650 – 850 DM
Junge: h: 7 cm
ca. 480 – 550 DM

366 Mann
rechts wie Abb. 365
links: ca. 15 cm
ca. 650 – 780 DM

367 Außergewöhnliche Försterpuppe, um 1900 mit seltener Bartform und originaler Kleidung
h: 15 cm
ca. 900 – 1100 DM

368 Hausdiener mit den Hunden der Herrschaft
h: 17 cm
ca. 650 – 750 DM

369 Hausdiener, um 1900
h: 15 cm
ca. 650 – 750 DM

370 Lakai
Puppenmann in seltener Kleidung
h: 14 cm
ca. 850 – 1100 DM

371 Uniformierter Stubenmann
aus China-Porzellan, Brustblattkopf auf Stoffbalg, Oberlippenbart, braune Augen (selten)
h: 12 cm
780 - 1000 DM

364

365

366

367

368

369

370

370

371

372

373

374

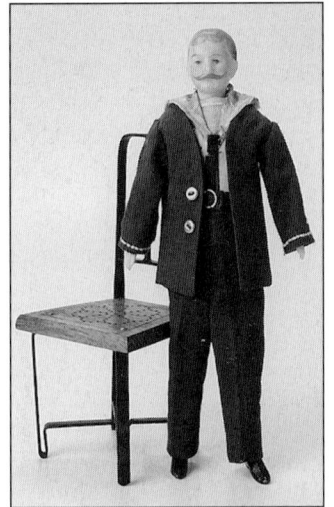

375

376

376

377

378

379

372 Briefträger, um 1900
Puppenmann in sehr seltener
originaler Berufskleidung
h: 15 cm
ca. 850 – 1000 DM

373 Chauffeur
mit modellierter brauner
Dienstmütze
h: 15 cm
ca. 700 – 900 DM

374 Postbote
seltener Stubenmann mit
modelliertem Posthut,
Schnauzbart, originaler Kleidung
h: 12 cm
ca. 850 – 1000 DM
Sammlung: G. Ott

375 Matrose
Puppenstubenmann aus Bis-
kuit-Porzellan in Originaluniform.
Körper wie vorher
h: 4 cm
700 – 900 DM
Sammlung: Inge Schulze

376 Chauffeur mit Dienstmütze, um 1900
aus Biskuitporzellan modelliert, Originalkleidung
h: 15 cm
ca. 700 – 900 DM

377 Puppenstubenmann,
um 1915
Ganzbiskuitkopf, anmodel-
lierte Chaffeurmütze aus
Porzellan, Stoffbalg, Porzellanarme und -beine, originale
Kleidung
h: 14 cm
ca. 850 – 1000 DM
Sammlung: Lilo Martensen

378 Kutscher, um 1890
in Arbeitskleidung, modellierter Kopfbedeckung
h: 12 cm
ca. 700 – 900 DM

379 Offizierstreff,
um 1900

380 Manövertreffen der Offiziere (Gruppenbild), um 1890 – 1910
Brustblattköpfe aus Biskuitporzellan

381 Soldat (Portrait), um 1900
Biskuitporzellankopf mit modelliertem Bart im Stil der Zeit
h: 17 cm
ca. 850 – 950 DM

382 Soldat in Ausgehuniform
h: 17 cm
ca. 850 – 1000 DM

380

381

382

382

383

384

383 Soldatenportrait, um 1900
besonders ausgeprägte Modellierung, h: 17 cm
ca. 850 – 1000 DM

384 Husar in Uniform, um 1900, h: 17 cm
ca. 850 – 950 DM

385 In gemütlicher Runde, um 1900

386 Offiziere, um 1890/1910
Biskuitporzellan, Stubenmänner in Uniform, Uniform Mitte und rechts mit Orden, sehr selten
h: ca. 14 cm
je Mann: 800 – 1100 DM, Liebhaberpreis
Sammlung: Birgit Muusmann

385

386

387

388

389

390

391

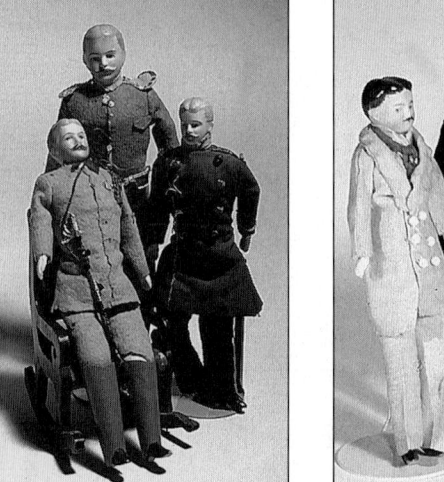

392

393

394

387 Kindergruppe, um 1900/1910
von links nach rechts: Kleiner Ganzbiskuitjunge, drehbarer Kopf mit modellierten Haaren, gemaltes Gesicht fünfteiliger Porzellankörper, gemalte hohe Stiefel, originale Häkelkleidung
h: 3 cm
ca. 125 – 180 DM
Soldatenjunge mit anmodelliertem Soldatenhelm, gemalte Gesichtszüge mit »Kaiser Wilhelm-Bart«, Brustblattkopf auf Stoffbalg, Porzellanarme und -beine, originale Uniform
h: 9 cm
ca. 550 – 680 DM
Beschreibung der beiden kleinen Puppen wie oben.
Sammlung: Barbara Freshwater-Holberndt

388 Soldat, um 1900
in seltener und gut erhaltener Uniform
h: 17 cm
ca. 850 – 1000 DM

389 »Paradestück« eines Puppenstubensoldaten, um 1900
h: 17 cm
1000 – 1200 DM Liebhaberpreis

390 Soldat
h: 17 cm
ca. 680 – 880 DM

391 Soldat
h: 17 cm
ca. 850 – 1000 DM

392 Alte Kameraden, um 1910
ca. 800 – 900 DM

393 Männer unter sich
von links: Parianbrustblattkopf mit Schnauzbart, um 1880, dunkle Haare
h: 16 cm
ca. 650 – 850 DM
China-Porzellanbrustblattkopf, Originaluniform, um 1880
h: 18 cm
ca. 850 – 1000 DM

394 Alte Garde
Soldaten aus Papiermaché in Originaluniformen vor der Jahrhundertwende
h: 16 cm
je ca. 500 – 750 DM

395 Vater ist im Kriege,
um 1910/20
stehend: Junge mit Brustblattkopf auf Stoffbalg mit Glasaugen, Uniform
h: 12 cm
ca. 500 – 650 DM
»zu Pferde«: Ganzbiskuit-
puppe mit gemalten Augen
und modellierter Pickelhaube,
Originalkleidung
h: 10 cm
ca. 500 – 700 DM

396 Familienglück,
um 1890
Sammlung: Uta Eckstein
Foto: Linde Rülke

**397 Gutsituierte Lehrer-
familie,** um 1900
Sammlung: Uta Eckstein
Foto: Linde Rülke

**398 Familie mit Kinder-
mädchen,** um 1900
Sammlung: Uta Eckstein
Foto: Linde Rülke

399 Pärchen, um 1900
Mann: h: 17 cm
ca. 680 – 800 DM
Frau: h: 14 cm
ca. 480 – 650 DM

**400 Seltenes Puppen-
stubenpaar,** um 1880
Brustblattköpfe auf Stoffbalg,
sorgfältige Bemalung und
Modellierung
h: 17 cm
Frau: *ca. 600 – 700 DM*
Mann: *ca. 700 – 850 DM*

395

396

397

398

399

400

401

402

403

401   Paar, um 1890
Mann: h: 14 cm
ca. 650 – 750 DM
Frau: h: 12 cm
ca. 480 – 550 DM

402   Pärchen, um 1890
Frau: Brustblattkopf, modellierte Haare, gemalte Augen
h: 15 cm
ca. 400 – 500 DM
Mann: Gute Modellierung,
Oberlippenbart, Husarenuni-
form, original
h: 17 cm
ca. 850 – 950 DM

**403   Puppenstubenpär-
chen,** um 1890
Mann: Brustblattkopf auf
Stoffbalg, modellierter Oberlippenbart, Soldatenuniform
h: 15 cm
ca. 850 – 950 DM
Frau: Biskuitporzellankopf,
Glasaugen, extravagante
Kleidung
h: 14 cm
ca. 650 – 850 DM

404

405

406

404   Elternstolz, um 1890
Mann: Gut modellierter Porzellankopf, Stoffbalg, originale Soldatenuniform
h: 17 cm
ca. 850 – 950 DM
Frau: Brustblattkopf, gemarkt
S u. H, Glasaugen, Mohairperücke
h: 14 cm
800 – 900 DM

**405   Manövertreff
mit Dame,** um 1890
Soldat in Originaluniform
h: 17 cm
ca. 850 – 950 DM
Dame: Glasaugen, Mohair-
perücke, zur Hochfrisur
gestaltet
h: 15 cm
ca. 800 – 850 DM

**406   Besonders schönes
Paar,** um 1890
Dame in aufwendiger Ori-
ginalkleidung und hervorra-
gender Kopfmodellierung
und Bemalung
h: 15 cm
ca. 850 – 950 DM
Soldat: außergewöhnliche
Uniform, sehr selten
h: 17 cm
*ca. 1000 DM bis Liebhaber-
preis*

407

408

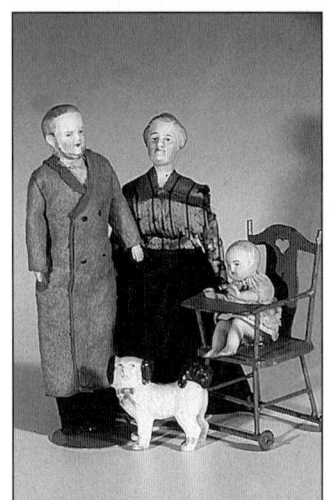
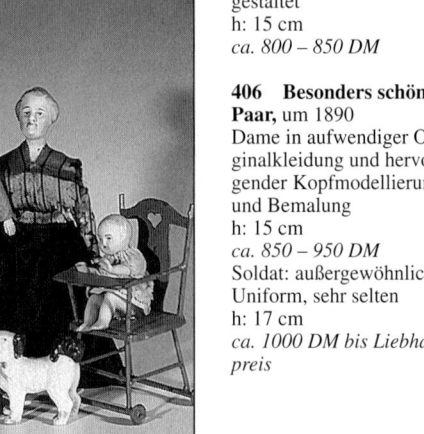

409

407 Eltern, um 1920
im Jugendstilgarten
Mutter: Biskuitporzellan-
brustblattkopf mit modellierten und gemalten Haaren im
Modestil der Zeit, originale,
einfache Kleidung
h: 24 cm
ca. 380 – 450 DM
Vater: Biskuitporzellanbrust-
blattkopf ohne Bart, (typisch
für die 20er Jahre)
h: 15 cm
ca. 400 – 500 DM

408 Jugendstilpärchen für
die Puppenstube, um 1915/20
im Originalzustand
Mann h: 17 cm
ca. 500 – 700 DM
Frau h: 15 cm
ca. 450 – 650 DM

409 Großeltern, um 1920
Mann: h: 17 cm
ca. 650 – 850 DM
Frau: h: 16 cm
ca. 500 – 700 DM

**410 Leben in der Spät-
biedermeierstube,** um 1850
(Boulle-Möbel)

411 Prunkvolle Stube,
um 1850/60

412 Stube, um 1860/70
beklebte Möbel

**413 Französische Faltpup-
penstube,** um 1880
mit originalen Wandbildern

414 Gründerzeitstube,
ca. um 1880
Eichenmöbel, aufwendig
gearbeitet

**415 Weihnachtlich
geputzte Stube,** um 1900
Eichenmöbel im Stil der Zeit

416 Der »rote Salon«,
um 1910
typische, elegante Jugendstil-
stube

410

411

412

413

414

415

416

h) Biskuitporzellanhalbpuppen

Puppen, deren gesamter Oberkörper in einem Stück, reliefartig modelliert und bemalt aus Biskuitporzellan hergestellt wurde, bezeichnet man als Biskuithalbpuppen. Den Unterkörper bildet dann ein gestopfter Stoffbalg mit angesetzten Biskuitporzellanarmen und -beinen. Die Halbpuppen gehören nicht in die Gruppe der Puppenstubenpuppen. Sie werden jedoch an dieser Stelle angeführt, da viele Sammler sie dazu benutzen.

Bekannt sind die Puppen der Firma Hertwig & Co., die eine gesamte Familie wiederspiegeln: Vater, Mutter, Kinder, Großeltern.

Die Puppen sind auf dem Rücken mit **Germany** gemarkt. Frauen und Mädchen haben rosa Stoffkörper, Männer und Knaben dagegen dunkelbraune. Sie können nur schwerlich aufgrund des Körperbaus sitzen.

Die Strümpfe sind stets weiß gemalt, die modellierten Schuhe sind mit kleinen Absätzen versehen. Bei Frauen und Mädchen sind sie blau bemalt, bei Männern und Knaben gelb.

417

418

419

420

421

422

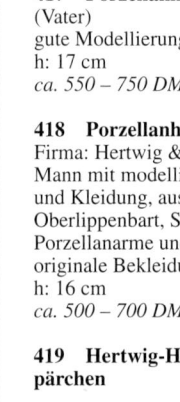

417 Porzellanhalbpuppe
(Vater)
gute Modellierung
h: 17 cm
ca. 550 – 750 DM

418 Porzellanhalbpuppe
Firma: Hertwig & Co.
Mann mit modellierter Frisur
und Kleidung, ausgeprägter
Oberlippenbart, Stoffbalg,
Porzellanarme und -beine,
originale Bekleidung
h: 16 cm
ca. 500 – 700 DM

419 Hertwig-Halbpuppenpärchen

420 Großeltern
Hertwig-Halbpuppen aus
Biskuitporzellan
h: 17 cm
ca. 550 – 750 DM je Puppe

421 Großmutter allein
(Hertwig-Porzellanhalbpuppe)

422 Hertwig-Puppenkinder
Körperkonstruktion gut zu
sehen
h: 13 cm
ca. 450 – 650 DM je Puppe

423 Hertwig-Porzellan-halbpuppe (Mutter)

424 Kinder im Garten
(Hertwig-Halbpuppen)
h: 13 cm
je ca. 450 – 650 DM

423

424

Die meist sorgfältig gemalten Charaktergesichter haben blaue Augen mit schwarzen Pupillen. Ganz-biskuitpuppen mit vollständig ausmodellierter Kleidung werden ebenfalls oft der Firma Hertwig & Co., Katzhütte, zugeschrieben.

425 Ganzbiskuitpuppe,
um 1910
mit modellierter Bekleidung
h: 8 cm
ca. 280 – 380 DM

426 Ganzbiskuitjunge,
um 1910
mit modellierter Kleidung
wie Abb. 425
**Puppenstubenjunge mit
Schirmmütze,**
gemalte Schuhe und
Strümpfe
h: 9 cm
ca. 380 – 480 DM

**427 Teile kleiner Ganzbis-
kuitpüppchen**
mit modellierter Kleidung,
in heilem Zustand
h: ca. 10 cm
je ca. 400 – 550 DM

425

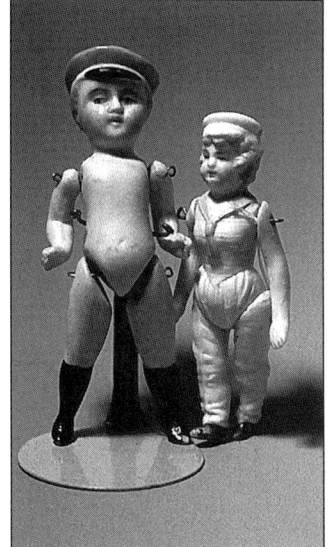

426

427

428

429

430

431

428 Originalkarton mit allerlei Biskuitporzellanpüppchen, 1910/20
Puppen mit modellierten Hauben und feststehenden Beinen
h: ca. 8 cm
ca. 120 – 140 DM
(Nicht so beliebt, können nicht sitzen)

429/431 Ganzbiskuitpüppchen im Originalkarton, um 1910/20
Mustersendung zur Auswahl für Geschäfte
Foto: Auktionshaus W. Boltz

430 Originalkarton mit kleinen Porzellanpüppchen, um 1910/20
oben: kleines Püppchen mit modellierten Haaren und Schleifen, sorgfältige Gesichtsbemalung fünfteiliger Porzellankörper
h: ca. 10 cm
je Püppchen
ca. 130 – 200 DM (ohne Kleidung)
unten: Ganzbiskuitmädchen mit Glasaugen und Mohairperücke, fünfteiliger Porzellankörper
h: ca. 10 cm
je: ca. 300 – 400 DM (ohne Kleidung)
Foto: Auktionshaus W. Boltz

**432 Einfache Ganzbis-
kuitpuppen**
mit modellierten Haaren,
gemalten Augen, Arme und
Beine beweglich
h: 8 – 10 cm
ca. 150 – 250 DM
Foto: Auktionshaus W. Boltz

433 Ganzbiskuitpuppe
(links), um 1910
vermutlich Hertwig und Co.
mit modellierter Frisur und
Kleidung, Arme und Beine
am Ansatz beweglich
h: 15 cm
ca. 350 – 480 DM
Foto: Auktionshaus W. Boltz

**434 Zwei Ganzbiskuit-
püppchen,** um 1910
vermutlich der Firma Hertwig
und Co.
Kopf, Körper, Beine unbe-
weglich aus einem Stück,
Arme am Ansatz beweglich,
Mohairperücke, niedliche
bunt modellierte Kleidung
h: 12 cm
je ca. 350 – 450 DM
Foto: Auktionshaus W. Boltz

**435 Ganzbiskuitmatrosen-
mädchen,** um 1910/20
vermutlich Hertwig & Co.
h: 19 cm
ca. 350 – 450 DM

436 Ganzbiskuitpuppe,
um 1910
mit modellierter und bemalter
Kleidung, Mohairperücke –
(vermutlich Firma Hertwig &
Co.)
h: 12 cm
ca. 350 – 450 DM

437 Ganzbiskuitmatrose,
um 1910/20
unsigniert, vermutlich Hertwig und Co., ausgeprägte
Modellierung des Kopfes mit
Mütze und langen Haaren,
sorgfältig modellierter und
bemalter Matrosenanzug,
Arme und Beine im Ansatz
beweglich
h: 19 cm
ca. 350 – 450 DM
Foto: Auktionshaus Ingeborg
Beil

432

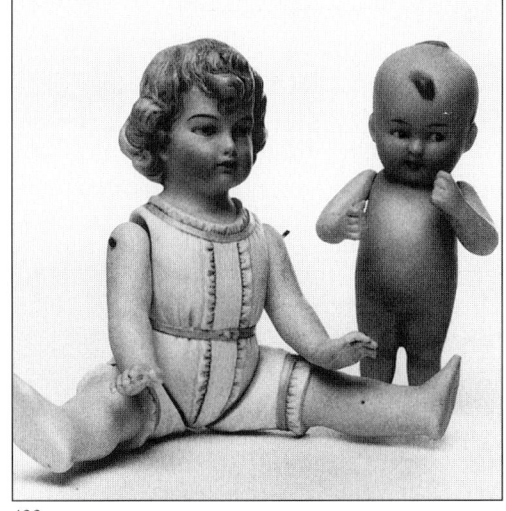

433

434

435

436

437

Mignonnetten

Kleine Ganzbiskuitpuppen zwischen ca. 10 – 22 cm nennt man Mignonnetten. Sie wurden nicht direkt als Puppenstubenpuppen hergestellt, vielmehr erzählt man sich, daß sie als »Besuchgehpuppen« gedient hätten. Das kleine Mädchen sollte, wenn es mit der Mutter zu Besuch ging, beschäftigt sein. Es bekam sein kleines Puppenköfferchen mit Kleidung und der kleinen Puppe zur Beschäftigung mit. Größere Puppen waren viel zu empfindlich und zu beschwerlich zu transportieren.

Mignonnetten wurden in Frankreich und Deutschland hergestellt. Da sie meist ungemarkt waren, ist heute nur eine vage Zuordnung zu Firmen aufgrund von Ausdruck, Bemalung, Qualität, Körperbeschaffenheit, Schuhen und Mechanismen möglich. Die Vermutungen gehen sogar so weit, daß man heute glaubt, daß die meisten als französisch bezeichnete Mignonnetten deutschen Ursprungs waren. Sie wurden in Einzelteile zerlegt, exportiert, im französischen Ausland zusammengesetzt (französische Aufhängung) und nach französischer Mode aufwendig und exquisit aus besten Tuchen bekleidet. Daher kommt wohl das französische Aussehen und die zunächst französische Zuordnung.

Wir unterscheiden bei den Mignonnetten:

   a) die »französische« Ganzbiskuitpuppe (French/French Type-Puppe),

   b) die deutsche Ganzbiskuitpuppe, mit drehbarem Kopf (Swivel Neck) und mit feststehendem Kopf (Stiff-Neck-Puppe)

Die englischen Bezeichnungen sind mit vermerkt, da sie unter Sammlern als Fachausdrücke benutzt werden. Man spricht von »French«-Puppen oder »Stiff-Neck«-Puppen.

Zu a) French/French-Type Mignonnetten

Wie schon angedeutet, ist die genaue Feststellung ihrer Herkunft eine Wissenschaft für sich. Viele ungemarkte Mignonnetten sind wohl deutschen Ursprungs. Eindeutig können jedoch die Puppen mit SFBJ, Bte oder Limoges gemarkten Frankreich zugeordnet werden.

Charakteristische Merkmale der »französischen« Mignonnetten sind die ovalen Gesichter (oft dem Typ der Simon & Halbig Puppen ähnlich), die langgestreckten Proportionen, meist drehbaren Köpfe, blaue, mechanische Schlafaugen mit großen Pupillen; bei sehr kleinen Exemplaren irislose dunkelbraune Augen, stark gefederte Augenbrauen bis zur Nasenmitte (typisch für französische Puppen), hervorragende Porzellanbemalung und Modellierung aller Teile. Die Hände sind größer geformt im Vergleich zu anderen Mignonnetten. Manchmal sind die Arme und Beine noch untergliedert, die Hände haben oft sorgfältig modellierte Nägel. Die Fußformen sind außergewöhnlich, vor allem bei den »Barfußpuppen«, ausmodelliert. Die Schuhe sind typ- und farbverschieden. Einige Puppen haben extrem hohe gemalte Stiefel, Knöpfvorrichtungen, farbliche Töne von schwarz, braun, rosa bis blau. Einige Schuhe haben gemalte Riemchen, modellierte große Schleifen und hohe Hacken.

Strümpfe gab es in verschiedenen Farben vertikal oder rund modelliert. Oft werden die Puppen nach ihrer Fußbemalung beschrieben: Der Sammler sucht eine Gelbstiefelpuppe oder eine Barfußpuppe (übrigens sehr selten).

Die meisten Puppen der French/French-Type Mignonnetten haben einen geschlossenen Mund mit einer getönten Mittellinie. Die zeitgemäße Kleidung zeigt französische Eleganz. Und das gibt zusätzlich den Ausschlag für ihre Beliebtheit. Wer eine solche Puppe »aufgestöbert« hat, gibt sie wohl auch nicht so schnell wieder her!

b) Deutsche Mignonnetten

Wir unterscheiden hier die Qualitätspuppen mit »Swivel Neck« (drehbarem Kopf) und »Stiff-Neck« (feststehendem Kopf).

Die Puppen sind, wie ihre »französischen« Schwestern, meist ungemarkt oder nur mit einer Nummer versehen, wurden jedoch wegen ihres Aussehens oft den Firmen Simon & Halbig und Kestner zugeschrieben. **Die Puppe mit dem Swivel Neck** unterscheidet sich dem »französischen Typ« gegenüber durch ein rundes, »fleischiges«, Äußeres. In den sehr lieb und kindlich aussehenden Köpfen mit den kleinen, oft dicken »Hängebäckchen« befinden sich Glasaugen und ein offener oder geschlossener Mund. Neben Perückenfrisuren gibt es auch die sehr seltene Form der porzellanmodellierten Frisur.

Der meist fünfteilige Biskuitporzellankörper ist ebenfalls auffallend fleischig und rundlich, wobei auch hier große Unterschiedsmerkmale bei der Gestaltung der Füße auffallen. Es gibt Puppen mit
- langen, schwarzen oder hellblauen Strümpfen,
- mit hohen Absätzen,
- mit Streifen- und Schleifenverzierungen, wie bei den französischen Schwestern,
- barfußgehende Puppen.

Die Besonderheiten, die hohe Porzellanqualität und die besonders kindliche Ausstrahlung im Gesichtsausdruck machen diese Puppe besonders sammelwürdig und begehrt.

Als Außergewöhnlichkeit treten auch bei den deutschen Mignonnetten Puppen mit gegliederten Porzellangliedmaßen auf.

Jegliche Untergliederung von Körperteilen bei Ganzbiskuitpuppen (siehe auch Googlies) ist sehr selten, und Puppen dieses Typs werden oft bis dreimal höher bezahlt als eine gleichaussehende ohne diese Gliedmaßen.

Die sogenannten Stiff-Neck-Puppen oder Steifhalspuppen

sind in der Modellierung und Bemalung ähnlich. Sie sind jedoch aufgrund des unbeweglichen Kopfes (steifer Nacken) und bei Sammlern nicht ganz so beliebt wie die Swivel-Neck-Puppen. Stiff-Neck-Puppen gibt es auch mit unbeweglichen Beinen. Diese Puppen können nur stehen, lassen jedoch die Arme bewegen. Trotz ihrer Unbeweglichkeit können sie wegen ihrer außergewöhnlichen, sorgfältigen Bemalung, der »runden« Gesichter, des kindlichen Ausdrucks und der zeitgenössischen Kleidung den Sammler begeistern. Kleine Stiff-Neck-Puppen sind unter der Rubrik Puppenstubenpuppen mit Glasaugen abgebildet, da sie meist dazu benutzt werden. Hier sind in 1. Linie größere Mignonnetten mit drehbarem Kopf berücksichtigt.

Hinweise zum Kauf von Mignonnetten

Da die Mignonnetten selten gemarkt sind, können sie dem nicht »geschulten« Sammler beim Kauf Probleme bereiten. Woran sollte er erkennen, ob es sich um eine ungewöhnliche, qualitativ – dem Preis angemessene – Puppe handelt?

Einige Ratschläge hierzu

1. Um seine Augen zu schulen, um Puppen Firmen zuordnen und um echte Preisvergleiche anstellen zu können, muß man viele Puppen in die Hand nehmen, betrachten, vergleichen, auf sich wirken lassen.

Auch müssen die Puppen bei der Betrachtung ausgezogen werden!

Nur so können Kopf- und Körperzusammengehörigkeit, Aufhängung der Körperteile, Materialbeschaffenheit u. ä. studiert und Sachkenntnisse gewonnen werden.

2. Eine Anhäufung von Puppen ähnlichen Aussehens und gleicher geringerer Güte ist sicherlich langweilig und wenig zweckmäßig und kann auch dann nur als eine »Anhäufung« betrachtet werden. Die Menge sagt keinesfalls etwas über die Qualität einer Sammlung aus! Der informierte, belesene Sammler ist gewiß bestrebt, seine Sammlung abwechslungsreich, nach erfahrenen Sammelkriterien aufgebaut zu gestalten. Sehr schnell empfindet er das richtige Gefühl für echte Qualität – lieber wenig und gut –!

3. Auf die Wirkung, Ausstrahlung auf mich persönlich achten. Puppen mit gleicher Marke können sehr unterschiedlich ausfallen. Nie eine Puppe nach der Nummer kaufen, ohne sie vorher gesehen zu haben. Man erspart sich Enttäuschungen.

4. Das Porzellan beachten! Eine gute Puppe sollte keine zu starke Rotfärbung aufweisen, zu weiß wirkt wiederum kalkig. Punkte und Flecken sind störend, »abgespielte«, beriebene Wangen sind wertmindernd, ebenso »Perückenpull« (häufig bei den K+R Charakterpuppen), eine feine Bemalung ist wichtig, herausgerissene Ohrläppchen werden oft mit einer Handbewegung abgetan, ärgern jedoch; Risse, Klebstellen, auch am Körper einer Ganzbiskuitpuppe, sind stark wertmindernd, denn Kopf und Körper werden hier im Gegensatz zu den großen Porzellankopfpuppen mit den Masse-Kugelgelenkkörpern als Einheit gesehen. Wenn es auch etwas übertrieben klingt, weil es sich ja um Spielzeug handelt, zeigt die Erfahrung, daß der Sammler sich diese Voraussetzungen als Maßstab bei der Festlegung eines Preises und der Beurteilung der Puppe nach Qualitätsmerkmalen festgesetzt hat.

5. Selbstverständlich gehört die originale Perücke auf den Kopf der gewählten Mignonnette.

6. Originale Kleidung bei den kleinen Puppen ist ein Muß! Der Sammler macht jedoch Unterschiede zwischen »home made« und »fabric« Kleidung. Da die Gefahr bei der Heimarbeitskleidung als nicht originaler, sondern aus alten Stoffen nachgenähter Kleidung möglich ist, kann mit serienmäßiger Fabrikkleidung ab Mitte vorigen Jahrhunderts das Original wirklich testiert werden. Diese Tatsache läßt dann den Sammler hinreißen, Puppen teuer zu kaufen, oft um jeden Preis – was erfahrungsgemäß eine gute Anlage darstellt.

7. Ist ein alter Kopf auf einem neuen Körper, so hat die Puppe den Wert des Kopfpreises, der allerdings bei raren Puppen mit mehr als 50% sehr hoch liegt.

**438 Mignonnette –
French-Type,** um 1900
sehr gutes Biskuitporzellan,
Glasaugen, geschlossener
Mund, Kurbelkopf auf fünfteiligem Ganzbiskuitkörper
mit gemalten Schuhen und
Strümpfen, Originalkleidung
h: 12 cm
ca. 950 – 1100 DM
Sammlung: Dee Robinson

**439 So lebten die kleinen
Mignonnetten,** um 1900
Sammlung: Dee Robinson

**440 Mignonnette –
French-Type,** um 1900
sehr gute Porzellanqualität,
Glasaugen, geschlossener
Mund, französischer
Gesichtsausdruck, fünfteiliger Mädchenkörper, gemalte
Schuhe und Strümpfe, sehr
aufwendige, konfektionelle,
originale Kleidung
h: 12 cm
ca. 950 – 1300 DM
Sammlung: Dee Robinson

**441 Das »passende«
Gefährt**
(französischer Automat) für
die französische Mignonnette
Sammlung: Dee Robinson

**442 Edle französische
Mignonnette,** vor 1900
Glasaugen, geschlossener
Mund, langgestreckter, fünfteiliger Porzellankörper mit
gemalten Stiefelchen,
exquisite, originale Kleidung
h: 14 cm
ca. 1500 – 2000 DM
Sammlung: Dee Robinson

443 Sonntagsspaziergang,
um 1880 – 1900
Kleine Puppen »feingemacht«
Sammlung: Dee Robinson

438

439

440

441

442

443

444

445

446

447

448

449

450

**444 Mignonnette –
French-Type,** um 1880
in hochwertigem Originalzustand
h: 16 cm
Liebhaberpreis
Sammlung: Dee Robinson

445 Kindermädchen
Deutsche Mignonnette,
um 1900
Glasaugen, geschlossener
Mund, originale Kleidung
h: 12 cm
ca. 850 – 1200 DM
Sammlung: Dee Robinson

446 Mignonnette,
um 1880/90
in zeitgenössischer Umgebung
h: 10 cm
ca. 1400 – 1800 DM
Sammlung: Dee Robinson

447 Französische Mignonnette, um 1880
typische langgestreckte Körperform und Arme
h: 12 cm
1400 – 1800 DM

448 Aus einem
zeitgemäßen **Kinderbuch**
»Gut behütet« auf dem Spaziergang, Mode damals

449 Kleine Ganzbiskuitporzellanpuppe
der Firma Simon und Halbig
gemarkt S 1 1/2 H 939
h: 22 cm
Liebhaberpreis
Foto: Charlotte Wolff

**450 Seltene Mignonnette –
French-Type,** um 1890
aus Vollporzellan, qualitativ
hochwertiger Kurbelkopf mit
sehr feiner Bemalung, Glasaugen, geschlossener Mund,
Mohairperücke, fünfteiliger
Porzellankörper, originale
Kleidung
h: 17 cm
ca. 1800 – 2200 DM
Auktionshaus: Ingeborg Beil

**451 Kleine »French-Type«
Mignonnette,** um 1890
Kurbelkopf aus Biskuitpor-
zellan, geschlossener Mund,
Glasaugen, Mohairperücke,
fünfteiliger Porzellankörper,
langgestreckte, schmale
Arme (typisch)
h: 17 cm
ca. 1800 – 2200 DM
Foto: Auktionshaus
Ingeborg Beil

**452 Kleine Mignonnetten-
sammlung,** meist »French-
Type«, um 1900
Puppen tragen sehr aufwen-
dig gearbeitete originale
Kleidung
Sammlung: Ingrid Richen

**453 »Französische« Mig-
nonnette,** um 1890
Ganzbiskuitpuppe, Kurbel-
kopf, geschlossener Mund,
Glasaugen, Mohairperücke,
fünfteiliger Porzellankörper,
sehr aufwendig gearbeitete
typisch französische originale
Kleidung
h: 17 cm
ca. 1800 – 2200 DM
Sammlung: Ingrid Richen

454 Mode à la Paris
um 1870

455 Mignonnettenpärchen
(French-Type), um 1880
entzückende Gesichter, Originalkleidung
h: 12 cm
je ca. 1200 – 1650 DM
Sammlung: Ingrid Richen

456 Aus einem **Kinderbuch** um 1870
damalige Kindermode wird
verdeutlicht

451

452

453

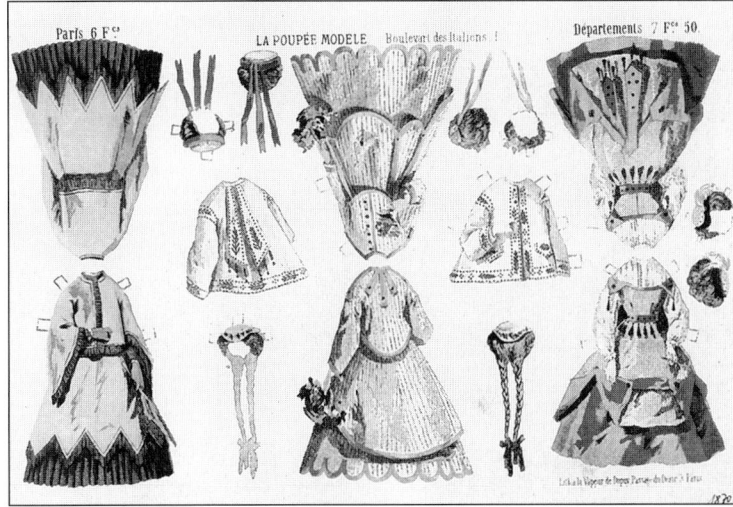

454

455

456

457

458

459

460

461

462

463

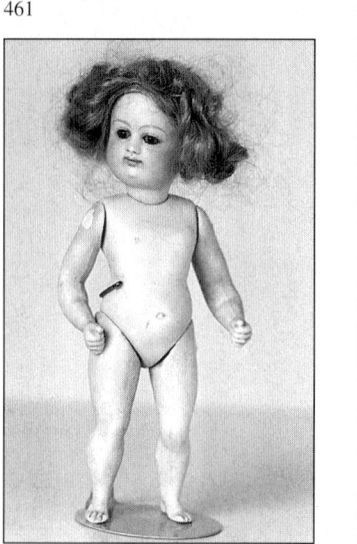

464

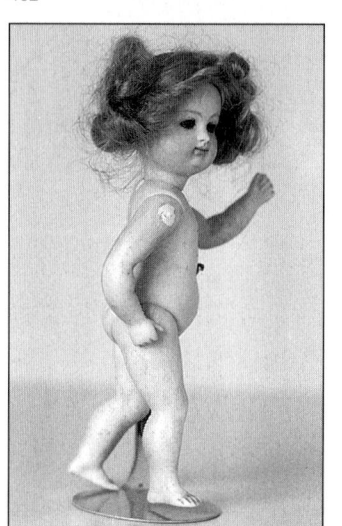

464

457   Mignonnette in Solda-tenuniform, um 1880
h: 12 cm
ca. 1400 – 1600 DM
Sammlung: Ingrid Richen

458   Kleine Mignonnette
(French-Type) aus Biskuit-porzellan, um 1890
Porzellandrehkopf, sorgfältig gemalte Augen, geschlossener Mund, Mohairperücke, fünfteiliger Porzellankörper mit schmalen langen Armen (typisch), sehr aufwendig gearbeitete originale Kleidung
h: 12 cm
ca. 1200 – 1400 DM
Sammlung: Ingrid Richen

459   Mignonnette
von hoher Qualität, ausdrucksvolles Gesicht, lange, blaue, gemalte Strümpfe (begehrt!), besonders aufwendige »modische« Kleidung aus Seide, im Originalzustand
h: 14 cm
1400 – 1900 DM
Sammlung: Ingrid Richen

**460   Mignonnette –
French-Type,** um 1890
Ganzbiskuitpuppe, drehbarer Kopf, geschlossener Mund, Glasaugen, originale Mohairperücke, fünfteiliger Ganzbiskuitkörper, gemalte Stiefelchen, sehr elegante, gut erhaltene französische originale Kleidung
h: 18 cm
1800 – 2000 DM
Sammlung: Ingrid Richen

461   Kleine Mignonnette
aus Ganzbiskuitporzellan, Kurbelkopf, Glasaugen, offener Mund mit Zähnchen, Mohairperücke, fünfteiliger Porzellankörper
h: 18 cm
ca. 1300 – 1700 DM
Sammlung: Ingrid Richen

**462   Kleine deutsche
Mignonnette,** um 1890
vermutlich von der Firma Kestner, Porzellandrehkopf, Glasaugen, geschlossener Mund, fünfteiliger Porzellankörper, »fleischige« Beine, ausgefallen gemalte Stiefelchen
h: 12 cm
ca. 1200 – 1400 DM
Sammlung: Gisela Ehmke

463   Beim Spiel im Kinderzimmer
Zwei Ganzbiskuitpüppchen, um 1890
linke Puppe: Vollbiskuit-
puppe, gemarkt:
J D Kestner 31-3219, hervorragende Bemalung, Kurbel-
kopf auf fünfteiligem Porzellankörper, Glasaugen,
geschlossener Mund, Mohairperücke, gemalte Strümpfe
und Schuhe mit 2 Riemchen,
kleiner Absatz
h: 20 cm
ca. 1800 – 2500 DM
rechte Puppe: Vollbiskuitpuppe, Piano Doll der Firma
Kling, gemarkt:
35-9 1/2 K in einer Glocke,
Puppe hat Glasaugen (bei
Piano Babys sehr selten)
h: 12 cm
Liebhaberpreis
Foto: Charlotte Wolff

464   »Barfuß-Kestner«
Abbildungen von vorn und
von der Seite ohne Bekleidung; deutlich erkennbar die
»rundliche« Modellierung.

**465   Seltene deutsche
Mignonnette,** um 1880/90
Porzellandrehkopf, braune
Glasaugen, geschlossener
Mund, exklusiv gestaltete
konfektionierte Kleidung
h: 12 cm
1200 – 1600 DM

466   Shopping gehen
Kleine Vollporzellanpuppe,
um 1900
mit Drehkopf und Armen und
Beinen am Ansatz beweglich.
Sehr zarte Kopfbemalung,
tiefblaue Glasaugen, ge-
schlossener, leicht schmol-
lender Mund, Mohairperücke,
außergewöhnliche Schuh-
modellierung und -bemalung:
Riemchen und Absatz
h: 12 cm
ca. 850 – 1200 DM
Sammlung: Inge Schulze

467   Puppenmutter
Kleine Ganzbiskuitpuppe,
um 1900/10
Kurbelkopf, Schlafaugen
(selten bei kleinen Größen),
offener Mund mit Zähnchen,
Mohairperücke, originale
Häkelkleidung
h: 10 cm
ca. 650 – 850 DM
Sammlung: Inge Schulze

468   »Kaffeeklatsch«
(aus einem zeitgenössischen
Kinderbuch)

465

466

467

468

469

470

471

472

473

473

474

475

476

469   Ungleiches Paar
von links: Deutsche Mignonnette, um 1900
mit gemalten langen Strümpfen (selten), zeitgenössische,
serienmäßige Kleidung
h: 12 cm
ca. 900 – 1250 DM
kleine französische Puppenstubenpuppe in originaler
Häkelkleidung
h: 7 cm
ca. 450 – 550 DM
Sammlung: Ingrid Richen

**470   Niedliche Vollporzel-
lanpuppe,** um 1900/10
Kurbelkopf auf fünfteiligem
Körper, Glasaugen, offener
Mund mit Zähnchen, Echt-
haarperücke, gemalte, lange,
schwarze Strümpfe (Sammelkriterium) mit braunen
Riemchenschuhen.
Originale Häkelkleidung
h: 12 cm
ca. 750 – 900 DM

471   Auf Reisen
Ganzbiskuitpuppe,
um 1900/10
Mit drehbarem Kopf, Glas-
augen, geschlossenem Mund,
Mohairperücke, fünfteiligem
Porzellankörper
h: ca. 10 cm
650 – 750 DM
Sammlung: Inge Schulze

472   Bescherung
Sehr seltene Puppe aus Bis-
kuitporzellan, um 1880
Kurbelkopf, ungemarkt,
außergewöhnliche Bemalung,
Glasaugen, geschlossener
Mund, modellierte blonde
Haare, fünfteiliger Porzellan-
körper, Füße barfuß mit
Schuhen und Strümpfen zu
bekleiden, sehr selten, begehrt
h: 19 cm
absoluter Liebhaberpreis
Foto: Charlotte Wolff

**473   Ungemarkte deutsche
Ganzbiskuitmädchenpuppe,**
um 1910
originale Bekleidung, Glasaugen, geschlossener Mund,
kindlich, fragender Gesichtsausdruck
h: 14 cm
ca. 680 – 780 DM
Sammlung: Uta Eckstein
Foto: Linde Rülke

474   Ganzbiskuitpuppe,
um 1910
ungemarkt, Mädchengesicht,
geschlossener Mund, Kurbelkopf, Originalkleidung
h: 19 cm
ca. 1100 – 1500 DM
Sammlung: Uta Eckstein
Foto: Linde Rülke

**475   Ernst blickende
Ganzbiskuitmädchenpuppe,**
um 1910
Glasaugen, geschlossener
Mund, Kurbelkopf, gemalte
Schuhe und Strümpfe
h: 12 cm
ca. 650 – 800 DM

476   Mignonnette, um 1910
Biskuitporzellankurbelkopf,
geschlossener Mund, Glas-
augen, fünfteiliger Porzellankörper, schwarze, lange
Strümpfe (Sammelkriterium)
h: 14 cm
ca. 850 – 1100 DM

**477   Deutsche Mignon-
nette,** um 1910
sehr niedliche Mädchenpuppe
mit langen, gemalten, blauen
Strümpfen (Sammelkrite-
rium)
h: 21 cm
ca. 1300 – 1600 DM

**478   Entzückende deutsche
Mignonnette,** um 1910
mit aufwendiger originaler
Kleidung, gemalte Schuhe
und Strümpfe
h: 18 cm
ca. 1600 – 1800 DM

**479   Kleines Ganzbiskuit-
mädchen,** um 1910
im Originalzustand
h: 12 cm
ca. 600 – 700 DM

480   »Osterhasenpuppe«,
um 1910
Kleine Mignonnette in
beliebter österlicher Kleidung, Kurbelkopf, geschlossener Mund, Glasaugen,
gemalte Schuhe und
Strümpfe
h: 14 cm
ca. 950 – 1200 DM

481   Ganzbiskuitpuppe,
um 1910
Kurbelkopf, Glasaugen,
geschlossener Mund
h: 10 cm
ca. 500 – 680 DM

**482   Deutsche Mignon-
nette,** um 1910
Kurbelkopf, offener Mund,
Glasaugen, kindlicher
Gesichtsausdruck, fünfteiliger Porzellankörper, gemalte
lange blaue Strümpfe (selten), Originalkleidung
h: 21 cm
ca. 1400 – 1600 DM

483   Porzellanmädchen,
um 1910
in originaler Häkelkleidung
h: 14 cm
ca. 600 – 800 DM

477

478

479

480

481

482

483

Steifgelenkpuppen (ab ca. 1890)

Kleine Puppen von ca. 14 – 22 cm mit steifen Massegelenken nennt man Steifgelenkpuppen. Im Gegensatz zu den Kugelgelenkpuppen sind sie nicht untergliedert und daher nicht biegsam. Der oft einfache Massekörper ist hautfarben bemalt, die Schuhe und Strümpfe sind ebenfalls gemalt. Der Kopf ist aus Biskuitporzellan drehbar aufgesetzt. Puppen der Firma Kämmer u. Reinhardt hatten sogar Laufmechanismen.

Firmen wie Heubach Köppelsdorf, C. Hartmann, Franz Schmidt u. a. fertigten Steifgelenkpuppen an. Sie fanden oft als preisgünstige Souvenir- und Andenkenpüppchen Verwendung und wurden in den Landestrachten angeboten. Viele Püppchen werden mit passenden Kleiderkoffern (Besucherpuppen, siehe Kapitel Mignonnetten) ausgestattet oder waren für »Puppenmütterchens Nähschule« als passende und preisgünstige Modelle vorgesehen.

Im Gegensatz zu den damals schon teuren Mignonnetten waren diese noch preislich erschwinglich. Trotzdem hatten sie nicht den großen Durchbruch erreichen können: Die Kinder mochten diese Püppchen nicht so sehr, da sie aufgrund ihrer Körperkonstruktion nur schwer (meist sehr breitbeinig), sitzen konnten. Die edleren »Damen« aus dem Jugendstil, die dann längere Beine, verbunden mit der zeitgenössischen kurzen Kleidung (Charleston) bekamen, konnten eine größere Zuneigung auch nicht mehr gewinnen.

Nicht direkt in diese Gruppe der eben beschriebenen Steifgelenkpuppen mit den niedlichen, aber oft »gewöhnlichen«, häufig auftretenden Gesichtern, fallen die kleinen Puppenkinder mit oft geschlossenem Mund und edlerem Biskuit einiger Firmen, wie beispielsweise Simon und Halbig und J. D. Kestner. Ich führe sie jedoch hier in diesem Buchabschnitt an, da sie aufgrund ihrer Körperkonstruktion ähnlich geschaffen sind wie die herkömmlichen Steifgelenkpuppen. Auch hier finden wir den fünfteiligen, nicht untergliederten, Massekörper von sehr unterschiedlicher Güteklasse, der von oft aufwendiger Kleidung verdeckt wird.

Die entzückenden Köpfe der o. a. Firmen zum Beispiel, akurat gearbeitet, mit Glasaugen und Mohairhaaren versehen, überzeugen den anspruchsvollen Sammler. Hohe Preise sind bei diesem Puppentyp nicht erstaunlich.

484 Entzückender Spielautomat, um 1900
Offenmundige kleine Simon und Halbig-Puppen beim Spiel mit Handpuppen. Beim Drehen der Handkurbel erklingt die Musik einer Spieluhr, die Köpfe der Püppchen bewegen sich, dabei heben sie die Arme mit den Handpuppen auf und ab.
Höhe des Kastens: 28 cm
Liebhaberpreis

485 Die kleine Stickerin
Kleine deutsche Puppe im Originalkarton mit Zubehör, um 1910
Die Bekleidungsstücke der Puppe sollen von der Puppenmutter nach Anleitung ausgestickt werden.
h der Puppe: ca. 16 cm
mit Karton: 1000 – 1400 DM
Foto: Auktionshaus W. Boltz

484

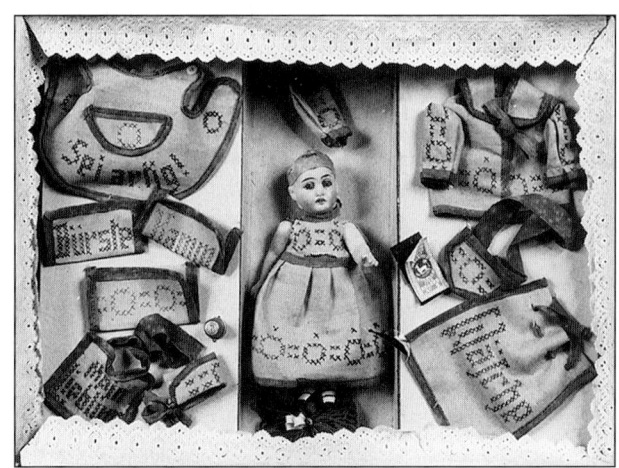

485

486 »Puppenmütterchens
Nähschule«
Kleine Puppe der Firma
K + R, um 1910
im Originalkarton mit Utensi-
lien zum Nähen und Bekleiden der Puppe
h der Puppe: 21 cm
mit Karton: ca. 1400 – 1800 DM
Foto: Auktionshaus W. Boltz

487 Steifgelenkpuppe,
um 1910
niedliches Mädchengesicht,
Glasaugen, offener Mund,
drehbarer Kopf auf fünfteiligem Massekörper, gemalte
Schuhe und Strümpfe
h: 18 cm
ca. 550 – 750 DM
Sammlung: Uta Eckstein
Foto: Linde Rülke

488 **Kleine Mädchenpuppen** mit Glasaugen, um 1910
h: 16 – 19 cm
ca. von 500 – 750 DM
Sammlung: Uta Eckstein
Foto: Linde Rülke

489 **Niedliches Steifgelenkmädchen,** um 1910
nur mit Nummer gemarkt,
Glasaugen, offener Mund,
Mohairperücke
h: 18 cm
ca. 550 – 750 DM
Sammlung: Uta Eckstein
Foto: Linde Rülke

490 Steifgelenkpuppe,
um 1910
gemarkt KR/SH
niedliches Mädchengesicht,
originale Kleidung
h: 18 cm
ca. 650 – 850 DM

491 **Steifgelenkmädchen-
puppe,** KR/SH, um 1910
h: 18 cm
ca. 550 – 750 DM

492 **Steifgelenkpuppe** der
Firma Kestner, um 1910
ausgeprägte ernste Gesichtszüge, fünfteiliger Masse-
körper, originale Kleidung
h: 16 cm
ca. 980 – 1300 DM

486

487

488

489

490

491

492

493

494

495

493   Besonders entzückende
KR/SH-Steifgelenkpuppe
mit niedlichem Kindergesicht,
um 1910
Steifgelenkkörper, originale
Kleidung
h: 18 cm
ca. 750 – 850 DM

**494   Niedliches Steifge-
lenkmädchen** in originaler
Häkelkleidung, um 1910
h: 16 cm
ca. 650 – 850 DM

495   Steifgelenkpuppe,
um 1910
h: 18 cm
ca. 580 – 700 DM

496   Steifgelenkmädchen
mit Glasaugen und geschlossenem Mund, ungemarkt,
Kurbelkopf, fünfteiliger
Massekörper
h: 14 cm
ca. 700 – 880 DM

**497   KR/SH-Steifgelenk-
mädchen,** um 1910
Originalkleidung
h: 18 cm
ca. 600 – 750 DM

**498   Ungemarktes Trach-
tenpärchen**
Biskuitporzellankopf,
gemalte Augen, geschlos-
sener Mund, Mohairperücke,
fünfteiliger Massekörper
h: 18 cm
je ca. 480 – 680 DM

499   Steifgelenkpuppe
der Firma Kestner mit
geschlossenem Mund, gut
proportionierter und ausgear-
beiteter fünfteiliger Massekörper
h: 14 cm
ca. 750 – 950 DM

500   Kleine Puppen

**501   Kleine Steifgelenk-
puppe,** um 1910
interessant wegen der
»Botenuniform« mit Tasche,
kleiner Kurbelkopf, Glasaugen, offener Mund
h: 18 cm
ca. 500 – 750 DM
Sammlung: L. Stalling

496

497

498

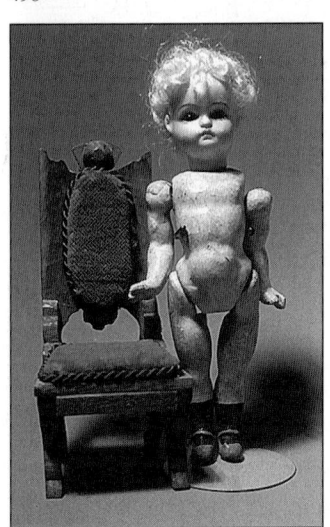

499

500

502 Celluloid-Junge auf Holländer (links)
rotes Holzbrett, Blechräder, Uhrwerk
l: 14 cm
ca. 650 – 750 DM
Kleines Porzellankopf-pärchen auf Massekörpern (rechts) mit feststehenden Beinen auf Holzplatte auf Rädern, Antrieb durch Schraube am Rad
l: 15 cm
ca. 1000 – 1250 DM
Foto: Auktionshaus Boltz

503 Kleine Puppenparade
von links nach rechts: Steif-gelenkpuppe der Firma Simon und Halbig, um 1915 Nr. 1078, Porzellankurbel-kopf mit Glasaugen und offenem Mund auf fünfteili-gem Steifgelenkkörper mit gemalten Schuhen und Strümpfen
h: 24 cm
ca. 650 – 850 DM
Neben einer kleinen Zellu-loidpuppe ein Puppenstuben-mann: – Polizeibeamter –. Sehr seltene Kopfmodellie-rung, anmodellierter Helm mit Adler, Steifgelenkmas-sekörper mit originaler Bekleidung: Uniform
h: 20 cm
Liebhaberpreis, da sehr selten Steifgelenkpuppe der Firma KR/SH, um 1910 Glasaugen, offener Mund
h: 21 cm
ca. 580 – 850 DM
Foto: Auktionshaus Ingeborg Beil

504 Kleine deutsche Puppe, um 1910 vermutlich S+H, Biskuitkur-belkopf auf fünfteiligem Massekörper, Schlafaugen, offener Mund mit Zähnchen, Mohairperücke
h: 18 cm
ca. 750 – 900 DM

505 Kämmer und Rein-hardtpuppe
mit seltenem Laufmechanis-mus in fünfteiligem Mas-sekörper, Kurbelkopf, Schlafaugen, offener Mund, Zähnchen.
h: 21 cm
ca. 1200 – 1400 DM
Foto: Ruth Jacobs

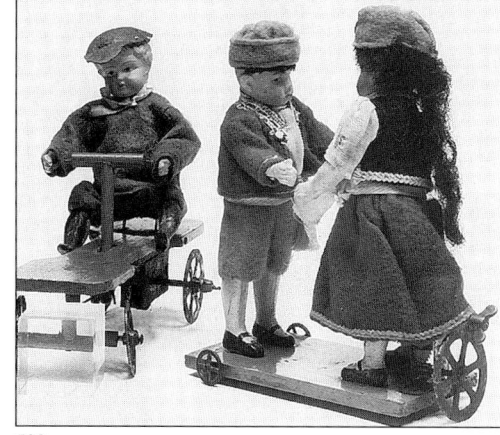
502

501

504

503

505

506

507

508

Weingart-Puppen und Orsini-Puppen

Diese sehr seltenen Charakterpuppen aus Biskuitporzellan sind markant durch ihr ausgeprägtes Äußeres: Sehr lebensnah, lachend, verschmitzt lächelnd, den Mund fragend geöffnet oder singend – so lebendig im Ausdruck blicken diese Puppenkinder in die Runde.

Nach dem »Mauerfall« in Deutschland traten diese Puppen verstärkt auf dem Puppenmarkt auf. Aufgrund der ausdrucksstarken Gesichter machten sie auf sich aufmerksam. Nach R. Müller-Krumbachs Nachforschungen ergibt sich als Hersteller die Firma Alt, Beck & Gottschalk unter der Leitung von Weingart (Zweigfabrik in Nauendorf). Sie bezeichnet sie als Weingart-Puppen (Kleine Welt Seite 182, s. Literaturverzeichnis). Die Herstellungszeit lag zwischen 1910 und 1928. Die Größe der Weingart-Puppen beträgt 7 – 17 cm.

509

510

506   Kleine Kestnerpuppe, um 1910 (gemarkt nur mit Nummer), Biskuitporzellankurbelkopf, Schlafaugen, offener Mund, Kugelgelenkkörper mit festen Handgelenken (Sammelkriterium!), modellierte Riemchenschuhe, braun gemalt (selten)
h: 22 cm
1400 – 1900 DM
Foto: Ruth Jacobs

507   »Marotte« mit Musikwerk (Stabschwenkholzpuppe), um 1910
Normalerweise bestehen die »Marottes« nur aus Kopf und Stab, hier die seltene Version mit Oberkörper und vollständiger Bekleidung
h der Puppe: 25 cm
ca. 1400 – 1600 DM

508   Seltene kleine Clownpuppe
im Originalzustand, Biskuitporzellankopf mit fünfteiligem Massekörper
h: 24 cm
ca. 900 – 1300 DM

509   »Orsini-Puppen«, um 1910/20
typische Charaktergesichter, typische Zeigefingerhaltung
h: 10 – 12 cm
1000 – 1200 DM je Puppe

510   Zwei Orsini-Puppen, um 1920
Ganzbiskuitcharakter mit eingelegten Glasaugen, charakteristisch geformten Mündern und Mohairperücke; typische Handhaltung
h: ca. 13 cm
Pro Puppe
ca. 1000 – 1300 DM
(In den USA werden die Puppen mit *1250 US-$* gehandelt)
Namen: DiDi mit gemalten Augen
MiMi, DiDi, ViVi, FiFi mit Glasaugen
Signierung J. I. O. ⑥ 1920

Kopf und Körper bestehen aus einem Guß. Sie haben feste Glasaugen oder gemalte, seitlich blickende Augen, Mohairhaare. Charakteristisch ist die Handhaltung mit dem typisch rechts hochzeigenden Zeigefinger.

Charakterpuppen aus der Weingart Serie sind in den USA unter »Orsini«-Puppen bekannt, da deren Gesichter nach Entwürfen von Jeanne Orsini hergestellt und patentiert wurden. Sie haben dort Namen erhalten wie: DiDi, MiMi, ViVi. Orsini oder Weingart-Puppen sind wegen ihrer Qualität, ihrer Rarität und ihrer entzückenden, realistischen Gesichter in einer so geringen Größe sehr gefragt.

Signatur der Orsini Puppen z. B.
J.I.O. © **1920**

Karikaturpuppen

a) Max und Moritz der Firma Kestner gehören zu den Karikaturpuppen aus Ganzbiskuit. Sie wurden in zwei unterschiedlichen Arten hergestellt
- mit modellierter, bemalter Kleidung,
- mit normalem Porzellankörper und Filzbekleidung,
- Max ist mit der Seriennummer 186a,
- Moritz ist mit der Seriennummer 186b bezeichnet.

Beide Puppen besitzen einen drehbaren Kurbelkopf.
Achtung vor Reproduktionen!

511 »**Moritz**«
der Firma Kestner, gut modellierte, bemalte Augenbrauen, zarte Bemalung, Glasur auf dem rötlichen Haar und den rötlich gemalten Schuhen

512   Max und Moritz
der Firma Kestner, modellierte Augenbrauen und Haare, fünfteiliger Porzellankörper mit gemalten Schuhen
Pro Paar:
ca. 3200 – 3500 DM

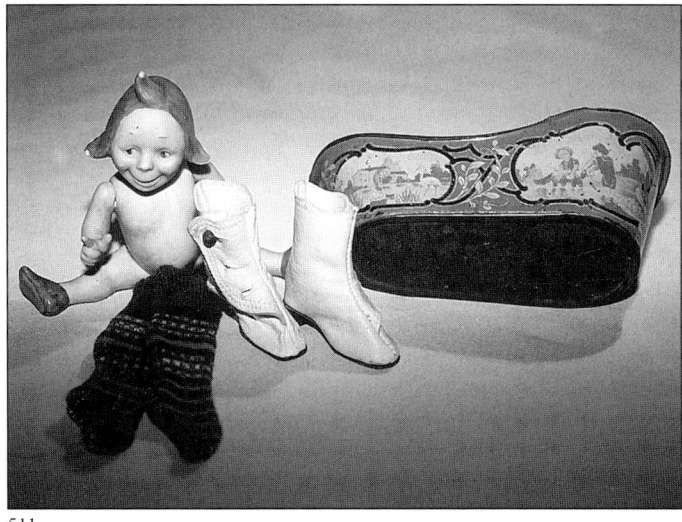

511

512

b) Googlies (Schielaugenpuppen Größe 14 – 22 cm)

Wir unterscheiden:

1. Ganzbiskuitgooglies mit fünfteiligem Ganzbiskuitkörper oder gegliederten Armen und Beinen aus Biskuitporzellan,
2. Googlies mit Porzellankopf und Masse-Stehbabykörper,
3. Googlies mit Porzellankopf und dem typischen Googly-Körper aus Masse: Spreizehändchen, dicker Bauch, gerade Beine.

Googly-Puppen werden auch Schielaugenpuppen genannt. Sie erhielten ihren Namen wegen ihrer übergrößen, kreisrunden, stets seitlich blickenden Augen mit Schlafmechanismus. Es gibt Ganzbiskuitgooglies mit festen und drehbaren Köpfen, mit seitlich blickenden, gemalten oder Glasaugen, mit geschlossenem Mund oder dem beliebten »Melonenmund« (schmaler gerader, wenig modellierter geschlossener Mund, dicke Oberlippe), mit Perücke oder modellierten Haaren, mit den oben erwähnten unterschiedlichen Körperstrukturen.

Googly-Puppen mit Glasaugen, drehbarem Kopf, Melonenmund und Porzellangelenkkörper sind unter Sammlern die begehrtesten.

513 Kleine Wagenparade mit **Googlies** und **Kewpies,** um 1910

514 **Googlies** wie Abb. 31, original bekleidet

513

514

515

516

517

515 **Googly** drehbarer Kopf, geschlossener Mund, Glasaugen, fünfteiliger Ganzbiskuitkörper
h: 10 cm
ca. 1100 – 1400 DM

516 **Googly** der Firma Armand Marseille, um 1910 sehr ausdrucksstarker Porzellankopf mit seitlich blickenden Glasaugen (Mechanismus), fünfteiliger Masse-Stehbabykörper
h: 18 cm
ca. 1600 – 1800 DM

517 **Googlypuppe** der Firma AM, um 1910 mit fünfteiligem Massekörper
h: 18 cm
ca. 1500 – 1700 DM

518 Fröhliche Plauderei
Puppe im Hintergrund Gebrüder Heubach mit Glasaugen
(wie Abb. 52)
Zwei **Googlies** der Firma
Armand Marseille 253, Biskuitkurbelkopf mit »Goo-
Goo-Augen« (große, runde,
seitlich blickende Schlafaugen), Mohairperücke, fünfteiliger Stehbabykörper aus
Masse
h: 18 cm
je ca. 1500 – 1800 DM
Sammlung: L. Stalling

519 Googly-Puppe
(nur Nummer), um 1905
Biskuitkurbelkopf auf Massekörper
h: 12 cm
ca. 1500 – 1800 DM
Foto: Auktionshaus I. Beil

520 Ganzbiskuitgoogly
der Firma Kestner, ab 1910
Kurbelkopf, gemalte seitlich
blickende Augen, Melonen-
mund, rötlich bemalte,
modellierte Haare, fünf-
teiliger Körper, gemalte
Schuhe und Strümpfe
h: 12 cm
ca. 750 – 850 DM

**521 Pärchen Googlypup-
pen**
– Beschreibung wie Abb.
vorher –

522 Auf der Kirmes
Seltenes Googly-Pärchen –
ungemarkt, ab 1910
drehbarer Porzellankopf,
seitlich blickende Glasaugen,
geschlossener Mund, Mohairhaare, Porzellankörper, untergliedert am Ellenbogen und
Kniegelenk, mit gemalten
Schuhen und Strümpfen,
originale Kleidung
h: 10 cm
ca. 2900 – 3200 DM

**523 Kleines Kestner Goo-
gly 221,** ab 1910
mit übergroßen Googly-
Augen und ausgeprägtem
Melonenmund, Stehbabykör-
per aus Masse, abgespreizte
Händchen
h: 24 cm
ca. 4000 – 4800 DM

518

519

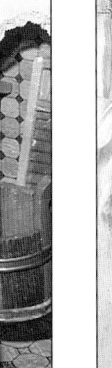

520

521

522

523

524

525

526

527

528

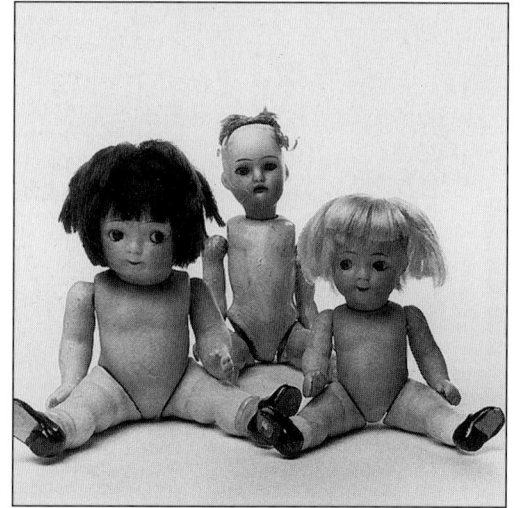

529

524   Kleine Googly
nur mit Nummer, große, runde Glasaugen, beliebter Melonenmund (schmale, gemalte geschlossene Lippen, vergleichbar mit einem Strich), Massestehbabykörper mit dickem Bauch und Spreizehändchen
h: 21 cm
ca. 2000 – 2500 DM

525   Ganzbiskuitgooglies,
um 1915
Kurbelkopf, seitlich blickende Schlafaugen, Melonenmund, originale schlichte Kleidung
h: 12 cm
je ca. 950 – 1100 DM
Foto: Auktionshaus W. Boltz

526   Googly-Puppe
der Firma Armand Marseille 323 A 4/OM, fünfteiliger Massekörper
h: 22 cm
ca. 1800 – 2200 DM
Foto: Auktionshaus W. Boltz

527   Kleine Googlypuppe,
ab 1910
Halsmarke: Heuchbach 6 Glasaugen, Melonenmund, Masse-Stehbabykörper
h: 18 cm
ca. 1500 – 1700 DM
Foto: Auktionshaus Boltz

528   Googly-Puppe,
um 1910
Biskuitkurbelkopf, Schlafmechanismus, geschlossener Mund, braunes Mohairhaar, Massestehbabykörper
Halsmarke: Heubach Köppelsdorf 318.7/0
Germany A.H. Schalkau DRGM
h: 25 cm
2000 – 2400 DM
Foto: Auktionshaus W. Boltz

529   Zwei Ganzbiskuitgooglies, um 1910
189/2/0, seitlich blickende Glasaugen mit Schlafmechanismus »Melonenmund«, fünfteiliger »fleischig« modellierter Körper mit gemalten Schuhen und Strümpfen
h: 12 und 14 cm
ca. 1400 – 1700 DM
Foto: Auktionshaus W. Boltz

**530 Armand Marseille-
Googly,** um 1915
Halsmarke AM 323, Biskuitkurbelkopf auf typischem
Googly-Todder mit Gelen-
ken, besonders niedlicher
Gesichtsausdruck.
h: 25 cm
ca. 2000 – 2800 DM

531 Kleine, ungemarkte
Ganzbiskuitgooglies,
um 1915
in Originalkleidung
links: Googly mit offen-
geschlossenem Mund, Glas-
augen
h: 12 cm
ca. 1500 – 1700 DM
rechts: Googly mit Melonenmund, Glasaugen
h: 12 cm
1500 – 1700 DM
Sammlung: Inge Schulze

530

531

532 Kleines Kestner **Ganzbiskuitgoogly,** um 1910
mit seitlich blickenden
Augen, feststehendem Kopf
und fünfteiligem
Porzellankörper
h: 10 cm
ca. 700 – 850 DM

533 Ganzbiskuitgoogly
mit gemalten seitlich blickenden Augen und modellierter
Haarfrisur, feststehender
Kopf auf fünfteiligem Porzellankörper
h: 18 cm
ca. 680 – 880 DM

534 Der »Zwinker«
Halsmarke 9141 Heubach-
Qualität
eine Puppe, der Gruppe Googly zugeordnet, ein offenes,
gemaltes Auge (Intaglio-
Auge = kleine innere Vertie-
fung), typisch für Gebr. Heubach Puppen, zweites Auge
»gekniffen«, geschlossener,
einseitig leicht nach oben
gezogener Melonenmund.
h: 16 cm
*In der kleinen Größe
– Liebhaberpreis –*

532

533

534

c) Kewpies

Kewpie-Puppen haben ihren Ursprung in Deutschland, als Verkaufsschlager erlebten sie jedoch in den USA Premiere. Rose O'Neill, eine Kinderbuchillustratorin, erfand diese Figur des kleinen »Schutzengels« für ein Kinderbuch, das reißenden Absatz fand. Die Firma G. Borgfeldt & Co., Berlin, (nach Ciesliks »Lexikon der deutschen Puppenindustrie«) griff diese Idee auf und fertigte die Ganzbiskuitpüppchen an, die den Namen ihrer Erfinderin R. O'Neill herzförmig als Original-Aufkleber erhielten. Um der Nachfrage aus USA Herr werden zu können, stiegen auch andere Firmen bei der Herstellung mit ein. Zu den bekanntesten gehört die Firma Kestner. Nicht jeder Puppensammler begehrt die Kewpie-Puppen. Sind sie doch eine Mischung aus Puppe und Nippes mit Karikaturgesichtern. Hier sind echte Spezialisten am Sammeln. Besonders in den USA sind sie begehrte Objekte und daher teuer. Wie bei allem Seltenen, werden auch hier die raren Modelle hoch im Preis bewertet. Dazu gehören vor allem die »Action-Kewpies«, d. h. Kewpies, die in Bewegung oder mit einem Gegenstand dargestellt sind. Kewpies mit beweglichen Gliedmaßen oder Glasaugen sind extrem selten und sehr hoch im Kurs.

535

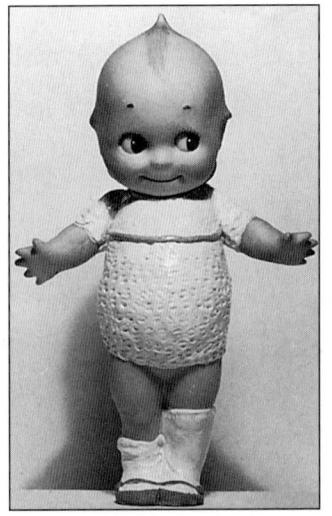

536

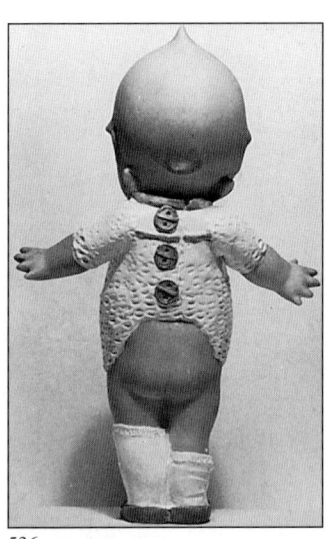

536

535 Kleine Kewpie
mit Schleife durch Porzellanöse gezogen
h: 10 cm
ca. 380 – 580 DM

536 Kewpie
mit modellierter Kleidung
Biskuitporzellan, feste Gliedmaßen, kleine, modellierte Flügelchen, beweglicher Kopf mit seitlich blickenden Glasaugen, sehr selten
Größe: 18 cm
ca. 2800 – 3500 DM
Sammlung: Marlene Leuzzi

537 Kewpie im Bad
(kleine Szene)

538 Kewpie, um 1913
Ganzbiskuit
Hersteller: Kestner oder andere deutsche Firmen
(s. o.) feste Beinstellung, bewegliche Arme mit typisch abgespreiztem Händchen, kleine, blau modellierte Flügelchen
Größe: 18 cm
ca. 380 – 580 DM
Sammlung: Marlene Leuzzi

539 Aktion–Kewpie,
um 1913
(Kewpie mit Hund und Schirm)
Ganzbiskuit, feststehende Gliedmaßen, seitlich blickende gemalte Augen, kleine blaue Flügelchen
Größe: 9 cm
750 – 880 DM
Sammlung: Marlene Leuzzi und Karen Schoondermark

537

538

539

540 »Gärtner«
Aktion–Kewpie, um 1913
Biskuitporzellan, bewegliche
Arme mit Spreizhändchen,
seitlich blickende gemalte
Augen, modellierte Kleidung
mit Hut, rot/goldene »Herz-
markierung« auf der Brust:
Kewpie – Germany, runde
Bezeichnung auf dem
Rücken:
Größe: 10 cm
ca. 550 – 680 DM
Sammlung: Marlene Leuzzi
und Karen Schoondermark

541 Aktion–Kewpie,
um 1913
Biskuitporzellan, Kleiner
»Soldat« mit Vase, feste
Gliedmaßen, seitlich
blickende gemalte Augen,
modellierte Soldatenmütze
Größe: 10 cm
ca. 550 – 750 DM
Sammlung: Marlene Leuzzi,
Mildred Rinearson

542 Aktion–Kewpie
(Gitarrist (mit Vase))
h: 18 cm (Vase)
ca. 450 – 550 DM
Sammlung: Marlene Leuzzi

543 Aktion–Kewpie,
um 1913
Ganzbiskuit, feste Glied-
maßen, seitlich blickende
gemalte Augen, modellierte
Mütze mit Brille und Fern-
glas, kleine modellierte blaue
Flügelchen
Größe: 15 cm
ca. 450 – 550 DM
Sammlung: Marlene Leuzzi
und Karen Schoondermark

544 Polizist
Aktion–Kewpie, um 1913
Biskuitporzellan, feste Glied-
maßen, seitlich blickende
gemalte Augen, modelliertes
Zubehör (Mütze, Koppel)
Größe: 15 cm
ca. 650 – 850 DM
Sammlung: Marlene Leuzzi
und Karen Schoondermark

540

541

542

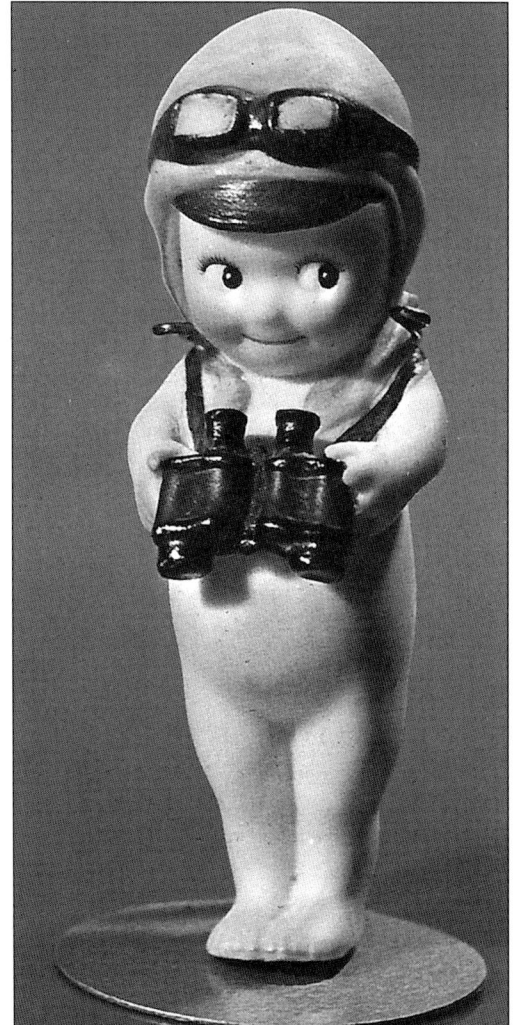

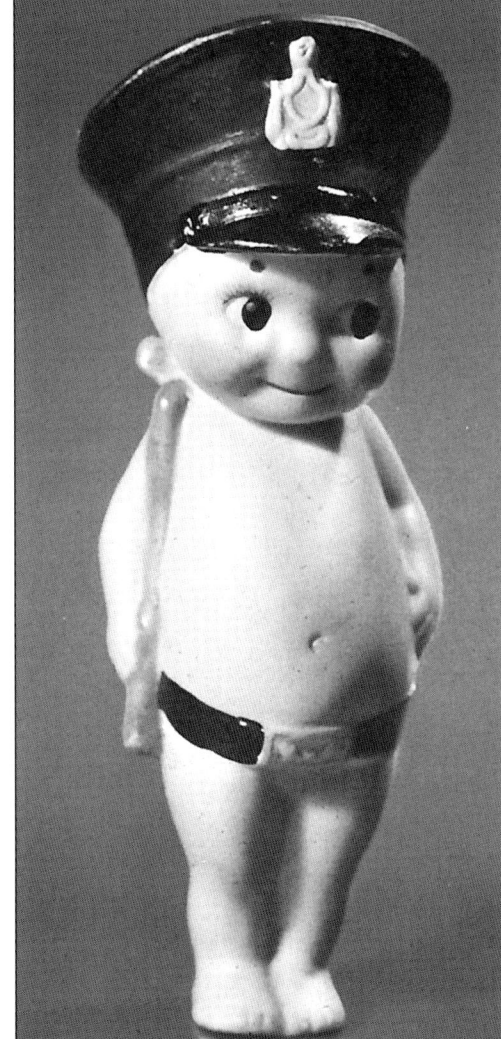

543

544

Kleine Charakterbabys

Wir unterscheiden bei den Charakterbabys

a) Babys aus Ganzbiskuit mit gebogenen Armen und Beinen,

b) Babys mit Porzellankopf und fünfteiligem Massekörper mit gebogenen Armen und Beinen.

Zu a) Charakterbabys aus Biskuitporzellan waren um 1910 in Mode. Sie wurden bis zu einer Größe von ca. 24 cm hergestellt und haben oft nur eine Nummernbezeichnung oder die Germany-Markierung. Aufgrund ihres Gesichtsausdruckes können sie jedoch oft den Firmen ihrer Zeit zugeordnet werden: Kestner, Franz Schmidt, Limbach ...

Charakterbabys mit geschlossenem Mund, Glasaugen und Mohairperücke werden denen mit gemalten Augen, offenem oder geschlossenem Mund und modellierten Haaren vorgezogen.

Zu b) Kleine Babys mit Massekörpern waren meist die Abbilder ihrer großen Geschwister. Hier könnten sie alle aufgezeigt werden – jede gute Charakterpuppe gab es als Kleinausgabe (Größe ca. 24 – 26 cm). Da über diese Puppen (in groß) hinreichend Fachliteratur zur Information angeboten wird, so werden sie an dieser Stelle lediglich erwähnt.

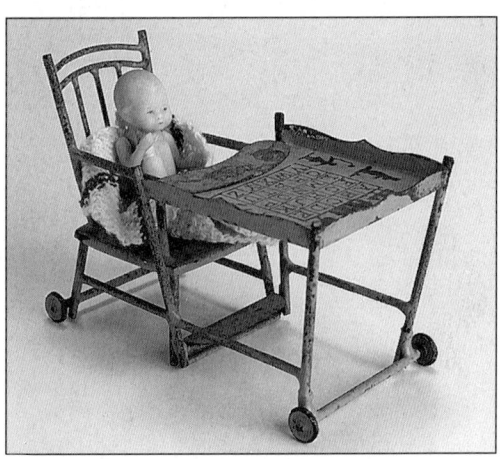

545

546

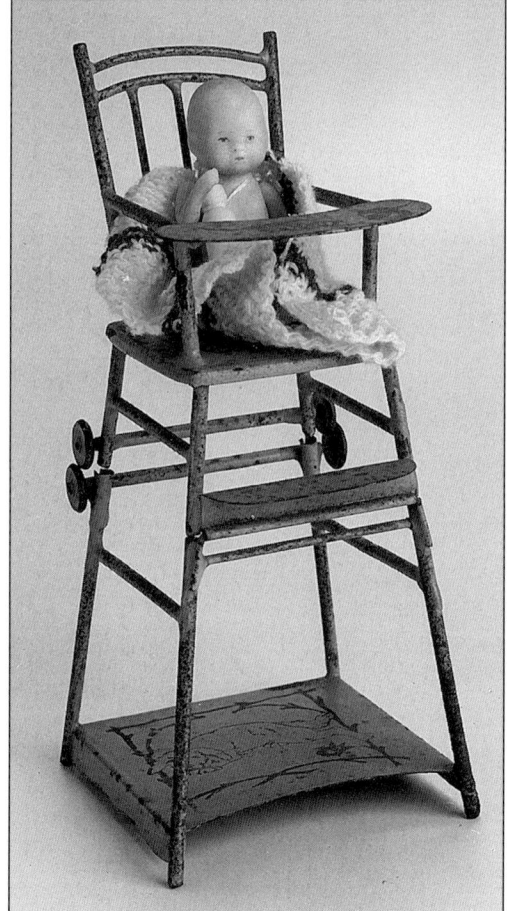

545

545   Bei der Mahlzeit
Kleines Bye Lo-Baby aus Ganzbiskuit, bemalter – Glatzkopf – feststehender Kopf, bewegliche Arme und Beine
h: 5 cm
Liebhaberpreis, keine Preisangabe möglich bei der geringen Größe
Sammlung: Inge Schulze

546   In Erwartung
drei Ganzbiskuitbabys mit ausgeprägten modellierten Charaktergesichtern, gemalte Augen und Haare, Arme und Beine beweglich
links und rechts h: 7 cm
je ca. 350 – 450 DM
Kleine Puppe im Steckkissen:
h: 3 cm
ca. 150 DM
Sammlung: Inge Schulze

547 Charakterjunge
aus Ganzbiskuit mit gemalten
Augen und Haaren, ausge-
prägte Gesichtszüge, ent-
zückende originale Kleidung
h: 8,5 cm
450 – 580 DM
Sammlung: Inge Schulze

548 Dream-Baby-Typ
der Firma Schönau und Hoff-
meister
Porzellankopf mit Schlaf-
augen, geschlossenem Mund,
gemalten Haaren, Stoffbalg
(»Froschkörper«) mit angesetzten Händchen aus Zelluloid oder Masse
h: 21 cm
ca. 1100 – 1400 DM

549 Aus »Puppenmütter-
chens Nähschule«, Baby-
erstausstattung, um 1910

550 Ungemarktes Cha-
rakterbaby, um 1910
mit modellierten Haaren,
gemalten Augen und
geschlossenem Mund, originales Steckkissen
h im Kissen: 18 cm
ca. 850 – 1100 DM

551 Limbach Ganzbis-
kuitbaby, um 1910
gemarkt: Kleeblatt, feststehender Kopf auf
Porzellanrumpf, gemalte
Augen, offen-geschlossener
Mund mit zwei modellierten
Zähnchen, gebogenen Porzellanarmen und -beinen, am
Ansatz beweglich
h: 21 cm
ca. 850 – 1000 DM

552 Charakterbaby
aus Ganzbiskuit, Typ Kestner
211 (ungemarkt), gemalte
Augen, offen-geschlossener
Mund, bemalte, leicht modellierte Haare, stark ausgeprägter modellierter fünfteiliger
Babykörper (linke Hand nach
innen)
h: 18 cm
ca. 1400 – 1800 DM
Foto: Auktionshaus Ingeborg
Beil

553 Kleines Kestnerbaby,
Charakterpuppe, um 1910
Porzellankopf mit gemalten
Augen und Haaren, offen-
geschlossener Mund, fünfteiliger Masse-Babykörper
h: ca. 20 cm
1400 – 1600 DM
Foto: Auktionshaus W. Boltz

547

548

549

550

551

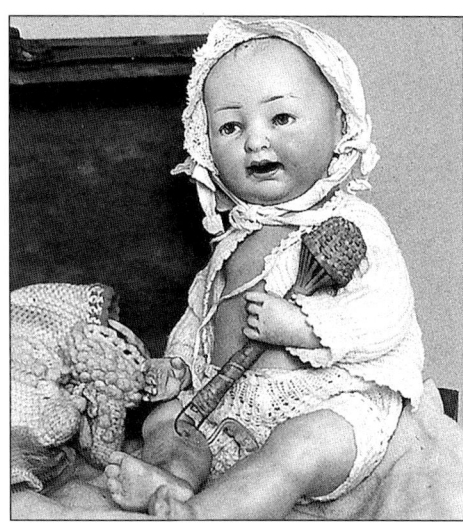

552

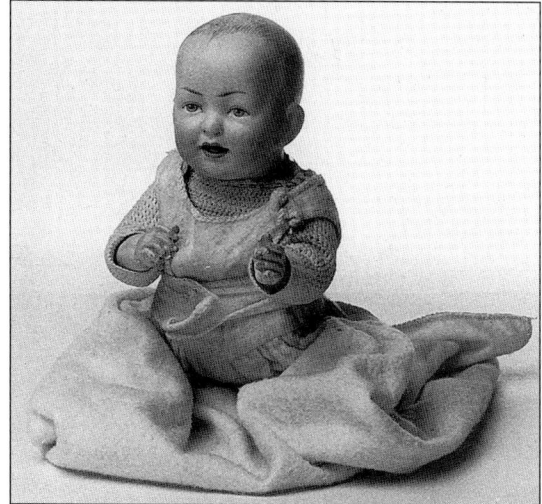

553

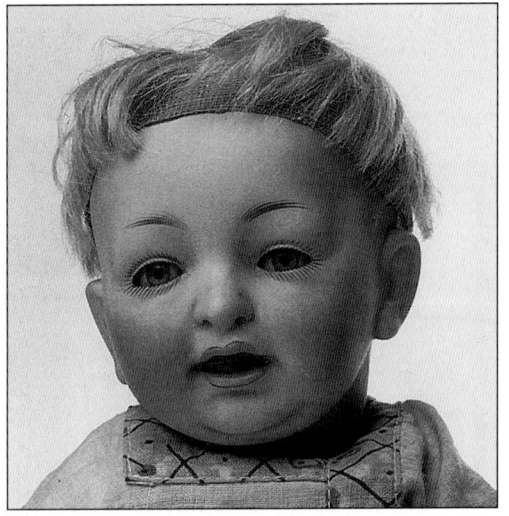

554

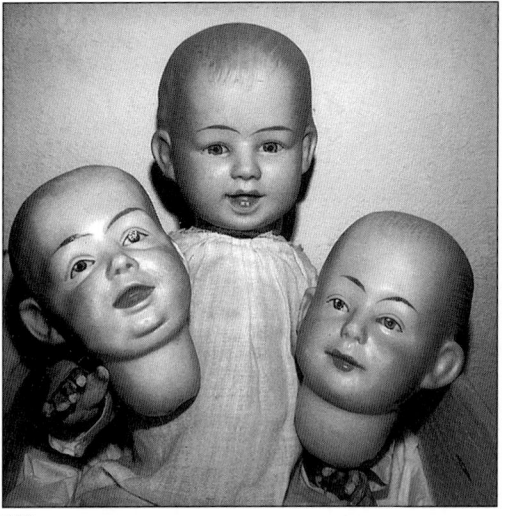

555

**554   Charakterbaby:
Kestner 211,** um 1910
Biskuitkurbelkopf, Glasaugen, offen-geschlossener
Mund (gibt es auch offen-
mundig) Mohairperücke
(beliebter als gemalte Haare),
fünfteiliger Masse-Babykörper, linke Hand zeigt nach
innen
h: 21 cm
ca. 1600 – 1800 DM
Foto: Auktionshaus W. Boltz

555   Vermutlich **Gebr.
Heubach-Charakter**
mit auswechselbaren Köpfen,
nur gemarkt »Made in Ger-
many«, alle Köpfe haben
gemalte Augen und Haare
h: 23 cm
ca. 1800 – 2500 DM

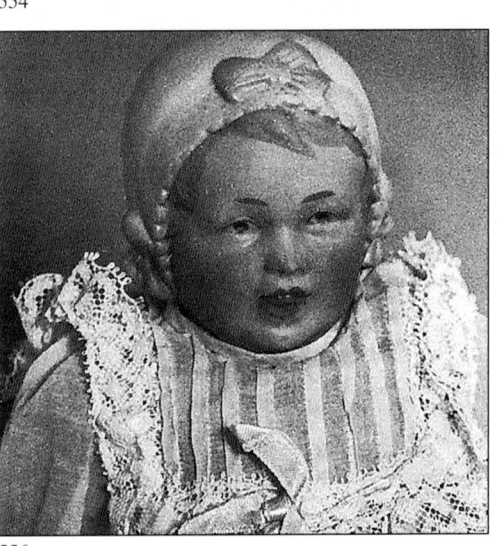

556

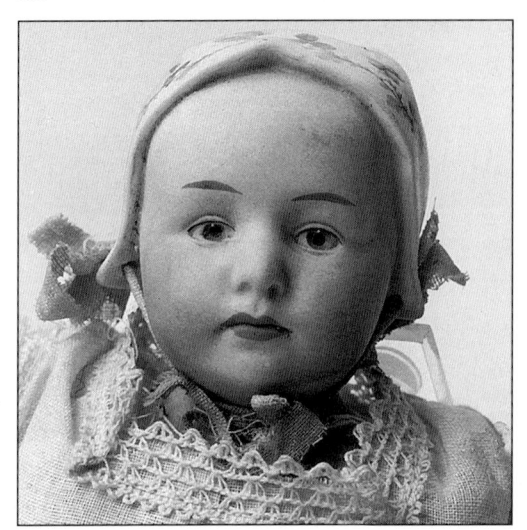

557

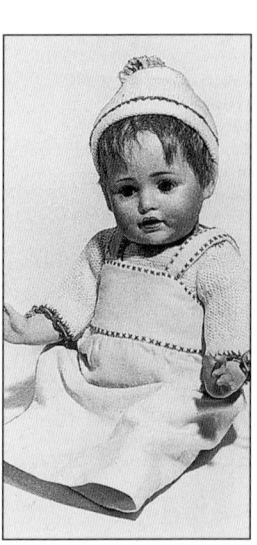

558

Piano-Babys

Piano-Babys der Firma Gebrüder Heubach stellen ein eigenständiges Sammelgebiet dar. Gebrüder
Heubach Puppensammler, Charakterpuppensammler und Miniaturpuppensammler lieben sie glei-
chermaßen als Vitrinendekoration und bereichern dadurch ihre Sammlungen. Sie finden hier nur eine
kurze Erwähnung, da sie eigentlich nicht direkt zu den Miniaturpuppen oder Puppen selbst gehören
– eher in die Sparte der etwas umstrittenen Nippesfiguren (zwischen Kunst und Kitsch). Die charakteristisch, naturalistisch geformten Piano-Babys mit den niedlichen Kindergesichtern und kindge-
rechter Haltung modelliert und aus qualitativ hochwertiger Porzellanverarbeitung sind schon über
Jahre hinweg preisstabil. Sie tragen ihre Seriennummern auf der Rücken- oder Unterseite mit der
berühmten Heubach-Sonne im Quadrat und der Dep. Bezeichnung, **Gebrüder Heubach-Stempel.**
Ein Spezialbuch über Heubach-Puppen (Anhang) gibt hinreichend Informationen.

**556   Seltener Recknagel-
Charakter,** um 1910
Brustblattkopf auf Balgkörper, gemalte Augen, offen
geschlossener Mund mit zwei
modellierten Zähnen, modelliertes Häubchen mit drei
modellierten Schleifen
h: 24 cm
ca. 2000 – 2400 DM
Foto: Auktionshaus Ingeborg
Beil

557 Kleines Gebr. Heubach Stuart Baby,
um 1910
Nr. 7877 oder 7977
Porzellankurbelkopf mit gemalten Augen, geschlossenem Schmollmund (Pouty-Puppe) und anmodellierter und bemalter Haube, kleiner Massebabykörper (gebogene Arme und Beine)
h: 25 cm
3000 – 4000 DM

558 Kestner Charakterbaby, um 1910
C7 247 I.D.K. (Hilda-Typ)
Beschreibung wie Abb. vorher, Armhaltung hier untypisch für Kestner, möglicherweise kein originaler Körper
h: 25 cm
1800 – 2200 (wegen des Körpers)
Foto: Auktionshaus W. Boltz

559 Kleine Ganzbiskuitgruppe
von links: Kleiner Kewpie-Typ, bewegliche Arme
h: 12 cm
ca. 370 – 450 DM
Piano Baby der Firma Gebrüder Heubach, trotzig blickende Figur eines Kleinkindes
h: 10 cm
ca. 400 – 650 DM
Googly-Typ mit runden Glasaugen, feststehenden Beinen, beweglichen Armen
h: 11 cm
280 – 320 DM
Foto: Auktionshaus W. Boltz

560 Piano Figur
Dep. Heubach Sonne
Baby in Rückenlage mit modelliertem Häubchen und Hemdchen, die Arme und ein Bein spielerisch in die Höhe gestellt
l: 25 cm
h: 15,5 cm
ca. 650 – 800 DM

561 – 564 Ausschnitte aus einer **Nippessammlung,** um 1900/10

Der Preis der Piano-Babys richtet sich nach der Güte des Biskuits, der Größe oder der Seltenheit des Modells. Pianos mit Glasaugen sind sehr selten, ebenso große Modelle, die oft ihren Platz in der Raumgestaltung finden.

559

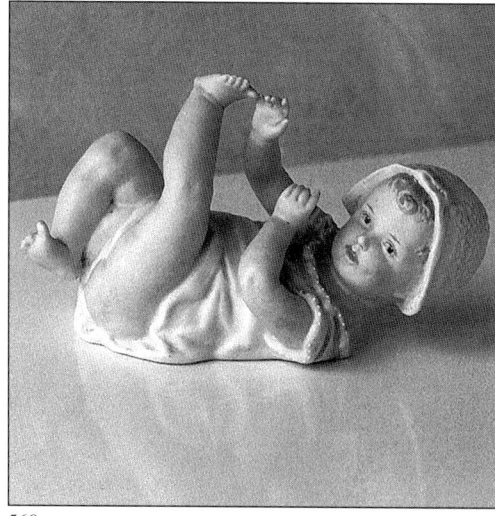

560

Nippes-Figuren

Beobachtungen zeigen, daß viele Sammler kleiner Puppen sich parallel dem Sammeln von »Nippes« widmen. Nippes-Figuren sind bemalte figürliche Darstellungen aus China- oder Biskuitporzellan mit meist kindlichen Motiven oder niedlichen Tierszenen, die sich bei der Betrachtungsweise schon zwischen »Kunst und Kitsch« bewegen. Obwohl ich es hier am Rande erwähne, wäre es ein Sammelgebiet, das mehr Beachtung verdiente, zumal erkennbar mehr Sammler sich dafür interessieren.

561

562

563

564

565

566

565 Der Storch als »Kinderbringer«
ein beliebtes Sammelobjekt,
auch von Miniaturpuppensammlern
hier: um 1880

566 »Kindlibringer«,
um 1900

Kleine schwarze Puppen und Orientalen

»En Miniature« sind diese Puppen äußerst selten. Es sei jedoch bemerkt, daß sie auch in Sammlerkreisen nur dann begehrt erscheinen, wenn sie originale, aufwendige und zeittypische Kleidung aufweisen und ihre Gesichter einen niedlichen, puppigen Ausdruck zeigen.

567 Schwarze Puppen
(Dream-Baby-Typ), um 1910
AM Halsmarke (links)
Heubach Köppelsdorf
gemarkt (rechts)
stark getönter Porzellankopf,
Glasaugen, geschlossener
Mund, angedeutete Lippe,
linke Puppe vermutlich
ergänzte Beine
h: ca. 21 cm
je ca. 880 – 1200 DM
Foto: Auktionshaus Boltz

568   Mulattenbaby,
um 1910
Halsmarke K+R 126,
sorgfältig getönter Kurbelkopf auf braunem fünfteiligem Babykörper
h: 18 cm
ca. 650 – 850 DM

**569   Sehr seltene orienta-
lische Puppenstubenpuppen**
aus Frankreich
Pärchen: Junge und Mädchen
aus Biskuitporzellan, Kurbelkopf, gemalte Augen, ge-
schlossener Mund, Mohair-
perücke, fünfteiliger Ganzbiskuitkörper, originale
Landestracht
h: 8,5 cm
ca. 500 – 700 DM je Puppe
Foto: Auktionshaus: Ingeborg
Beil

570   Dunkles Baby
der Firma K+R/SH 116A,
um 1910
qualitätsvoll getönter Biskuitkurbelkopf, ausdrucksstark
modelliert, fünfteiliger Baby-
massekörper
h: 21 cm
3500 – 4500 DM

**571   Sehr seltene schwarze
kleine Porzellanpuppe,**
um 1910
mit der geringen Größe von
7 cm, bewegliche Arme und
Beine
Sammlung: Uta Eckstein
Foto: Linde Rülke

572   Mulatte
kleine Puppenstubenpuppe
aus Biskuitporzellan, sehr
sorgfältig gemalte Stiefelchen
h: 9 cm
ca. 250 – 350 DM
Als Puppenstubenpuppen
sind »getönte« Puppen nicht
so sehr beliebt.

**573   Entzückende Mignon-
netten-Mulattin**
Glasaugen, durchstochene
Ohrläppchen, originale
Lockenperücke, gemalte
Schuhe und Strümpfe
h: 16 cm
ca. 1500 – 1800 DM
»Getönte« Mignonnetten sind
im Gegensatz zu getönten
Puppenstubenpuppen sehr
gesucht, selten

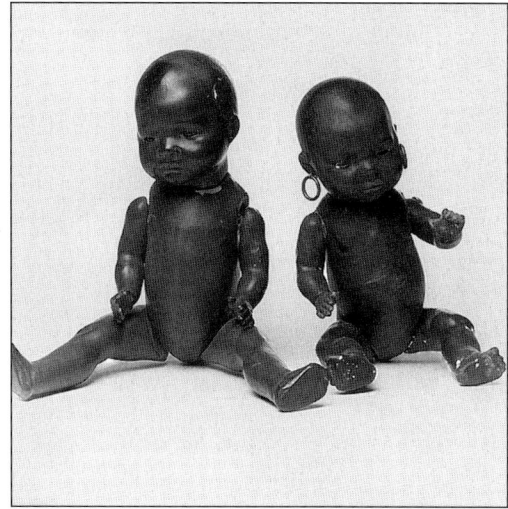

567

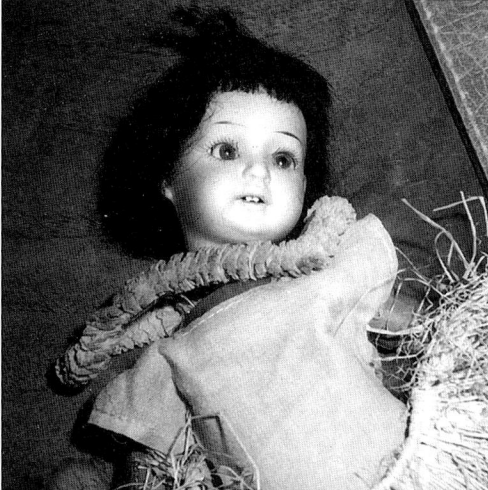

568

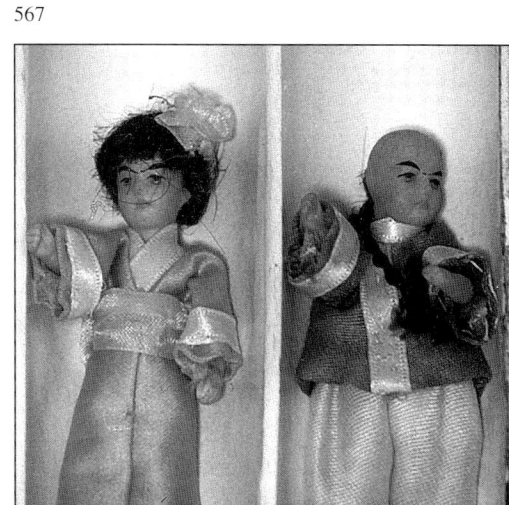

569

570

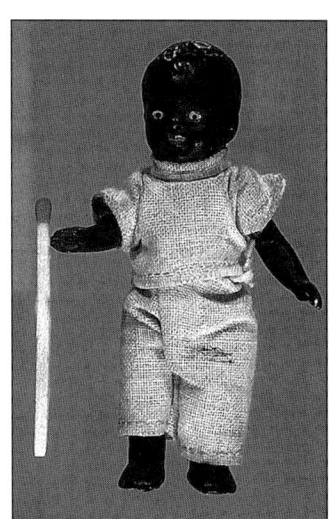

571

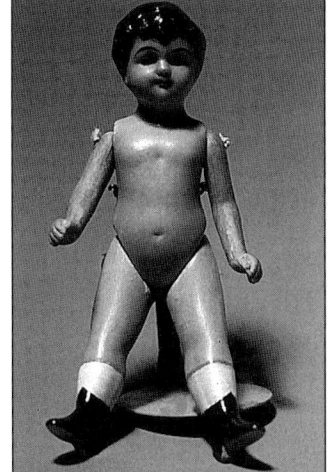

572

573

574

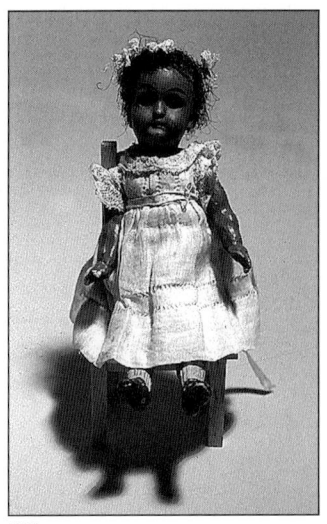

575

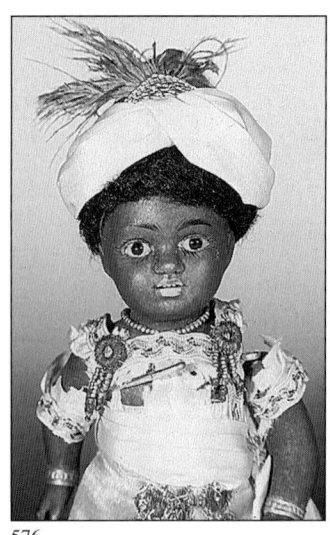

576

577

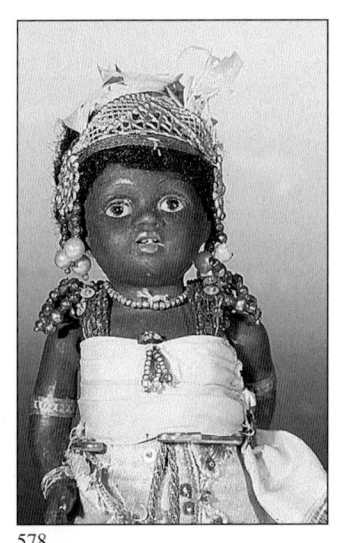

578

579

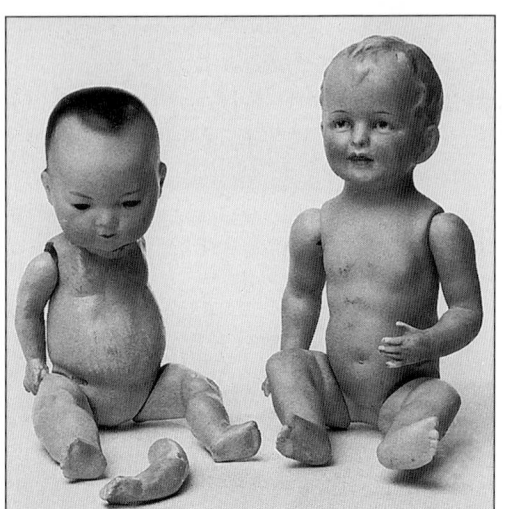

580

581

574 Sehr niedliche schwarze Puppe mit Ausstrahlung, um 1910
Glasaugen, geschlossener Mund, Mohairlockenperücke, fünfteiliger getönter Massekörper, barfuß (selten)
h: 14 cm
1000 – 1400 DM
Sammlung: Uta Eckstein
Foto: Linde Rülke

575 Schwarze Puppe mit »Flair« der Firma Kämmer und Reinhardt, S. u. H., um 1910
Glasaugen, offener Mund, fünfteiliger getönter Massekörper, gemalte Schuhe und Strümpfe, originales »Outfit«
h: 18 cm
950 – 1200 DM

576 Entzückende Ganzbiskuitpuppe, um 1900
mit negroiden Gesichtszügen im totalen Originalzustand, vermutlich Kestner
h: 23 cm
Liebhaberpreis

577 Kestner Ganzbiskuitpuppen
im Originalzustand, um 1900

578 Entzückende Mignonnette, um 1910
vermutlich von der Firma Kestner
h: 23 cm

579 Schwarzes Dreambaby der Firma Armand Marseille, um 1910
Glasaugen, geschlossener Mund, gemalte Haare, Baby-Massekörper
h: 21 cm
ca. 850 – 1200 DM

580 Orientalisches Baby
(links), um 1910
getönter Biskuitdrehkopf auf Masse-Babykörper, Halsmarke: A Stern M Ellar Germany 2/OK
h: 20 cm
ca. 2200 – 2800 DM
Ganzbiskuitporzellan-Junge (rechts), feststehender Kopf, gemalte Augen, offengeschlossener Mund, Marke: Kleeblatt 9029 (Limbach)
h: 24 cm
ca. 950 – 1100 DM
Foto: Auktionshaus W. Boltz

581 Kleine Mignonnette
(Orientalin), um 1900
Getönter Biskuitkurbelkopf
auf Ganzbiskuitkörper, sehr
schrägstehende Glasaugen,
geschlossener Mund,
schwarze Mohairperücke,
originale Papierkleidung –
selten
h: 10 cm
Liebhaberpreis
Sammlung: Inge Schulze

**582 Armand Marseille-
Orientale,** um 1910
gelblich-getönter, sorgfältig
bemalter Biskuitporzellankopf auf fünfteiligem getönten Massekörper
h: 22 cm
ca. 2200 – 2600 DM

583 Orientale
Seltene Ganzbiskuitpuppe,
vermutlich deutschen
Ursprungs, um 1890
Biskuitporzellan, Kurbelkopf,
ausgeprägte Augenstellung
mit eingesetzten Glasaugen,
geschlossener Mund mit
Bartbemalung, Mohair-
perücke mit orientalischer
Hochfrisur, fünfteiliger Ganzbiskuitkörper mit orientalisch
nachempfundener Original-
kleidung.
Die Füße stecken »barfuß« in
Sandalen.
h: 14 cm
Liebhaberpreis
Sammlung: Ingrid Richen
Thailänderin
Seltene »farbige« Mignon-
nette – French-Type, um
1890
getöntes Biskuitporzellan,
Kurbelkopf, dunkle Glasaugen, geschlossener Mund,
Mohairperücke, fünfteiliger
Biskuitporzellankörper, aufwendig gearbeitete Originalkleidung
h: 12 cm
Liebhaberpreis
Sammlung: Ingrid Richen

852

583

Kleine Puppen als Abbilder der Großen

Fast jede große Puppe hat ein kleines Gegenstück, das dann in der jeweiligen Größe besonders anzie-
hend auf Sammler wirkt, wenn Qualität und Ausdruck stimmen. Die Nachfrage nach diesen kleinen
Puppen ist besonders bei den seltenen Nummernpuppen der führenden Firmen (Simon & Halbig,
Kestner, Jumeau, Bähr & Pröschild ...) auffällig, so daß selbst hohe Preise im Verhältnis zur kleinen
Größe der Puppe nicht verwunderlich sind und auch »in Kauf« genommen werden.
Ein Preisbeispiel: 1 Kestnerpuppe, geschlossener Mund, nur mit Kopfgröße bezeichnet (ca. 45 cm)
kostet ca. 5.000 DM. In Miniaturgröße (ca. 21 cm) kostet sie auch schon fast 3.000 DM. Größenver-
hältnis und Preis stimmen nicht mehr, werden aber akzeptiert.
Nicht nur aus Platzgründen finden die kleinen Puppen heute oft mehr Zuspruch als ihre großen
Schwestern. Die Verkleinerung alles »Großen« hat die Menschen von jeher fasziniert (Puppenhäuser,
Hausrat, Miniaturen), selbst, wenn es nur die verkleinerte Darstellung einer Puppe ist.

584

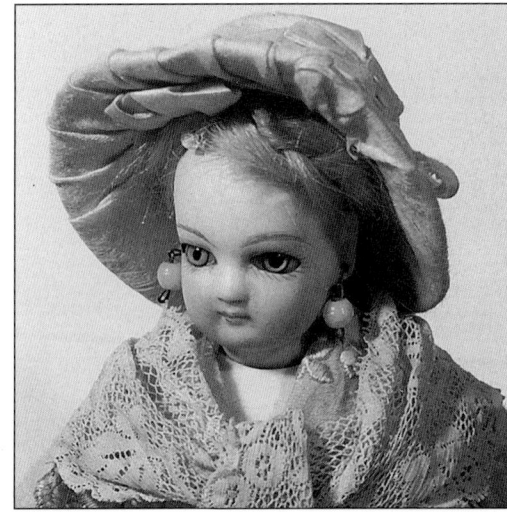

585

586

587

588

584   Ausfahrt im Park
Frühe kleine Jumeau-Puppe,
um 1880/90
Jumeau gemarkt, Schulter-
drehkopf, Glasaugen,
geschlossener Mund, Lederkörper mit Lederarmen und
-beinen
h: 26 cm
Liebhaberpreis
Foto und Sammlung:
Ruth Jacobs

585   Portrait der Jumeau
mit Schulterdrehkopf
Sammlung: Ruth Jacobs

**586   Kleinste Puppe des
Kestner-A.T.-Typs** mit
25 cm, um 1900
trotz der geringen Größe ist
die zarte Bemalung beacht-
lich
Liebhaberpreis

**587   Kleine Ausgabe der
Kämmer und Reinhardt**
S u. H 101, 18 cm, sehr niedliche Originalkleidung
ca. 2500 – 2800 DM

588   Zwei K + R Puppen
gemarkt KR 101 und KR 114
in »Kleinausgabe«
Ausdrucksstarke Gesichter
trotz geringer Größe, gemalte
Augen, geschlossener Mund,
Masse-Kugelgelenkkörper,
Originalkoffer mit vielseitiger
Garderobe
h: 21 cm
Pro Puppe
ca. 3000 – 3400 DM
Gesamtkoffer: *Liebhaberpreis*

589   Pärchen
Kleine AM 1894 (links)
Kurbelkopf mit ausdrucks-
starker Bemalung, große
erwartungsvoll blickende
Augen, offener Mund,
Mohairperücke, fünfteiliger
Massekörper mit gemalten
Schuhen, traumhafte originale Bekleidung.
h: 13 cm
ca. 450 – 650 DM
Junge der Firma Gebr. Knoch
(rechts)
Porzellankurbelkopf auf
fünfteiligem Massekörper,
Glasaugen, offener Mund,
gute Seidenbekleidung
h: 13 cm
wegen der originalen Bekleidung: *450 – 650 DM*

589

590

590   Kleine, offenmundige Jumeau (gemarkt),
um 1900/10
mit Originalkleidungsset
h: 24 cm
ca. 2800 – 3200 DM

591   Trautes Heim
»Mutter« (links): Kleine Puppe der Firma S + H auf fünfteiligem Steifgelenkkörper aus Masse, Glasaugen, offener Mund, originale Bekleidung
h: 18 cm
650 – 850 DM
»Vater« (rechts): kleine Gliederpuppe der Firma AM 390
h: 21 cm
ca. 750 – 900 DM

592   Elternpaar
»Vater«: Kleine Gliederpuppe der Firma AM 390, heller Biskuitkopf auf kleinem Kugelgelenkkörper, große, blaue Augen, offener Mund, Echthaarperücke, aus Haaren gebildeter Oberlippenbart
h: 21 cm
ca. 750 – 900 DM
»Mutter«: Puppe der Firma SH 1079, Biskuitkopf auf frühem Kugelgelenkkörper (feste Handgelenke), Glasaugen, offener Mund
h: 21 cm
ca. 650 – 880 DM

593   Ernstblickende seltene kleine Kestnerpuppe,
um 1890
nur mit Nummer gemarkt, Porzellandrehkopf auf frühem Kugelgelenkkörper mit festen Handgelenken, originale Bekleidung
h: 25 cm
ca. 3000 – 3300 DM
Foto: Antiquitäten G. Missal, Sylt

594   Kleine Kestnerpuppe,
um 1900
feiner Porzellankurbelkopf auf frühem Kugelgelenkkörper
h: 24 cm
ca. 2800 – 3500 DM

591

592

593

594

595

596

597

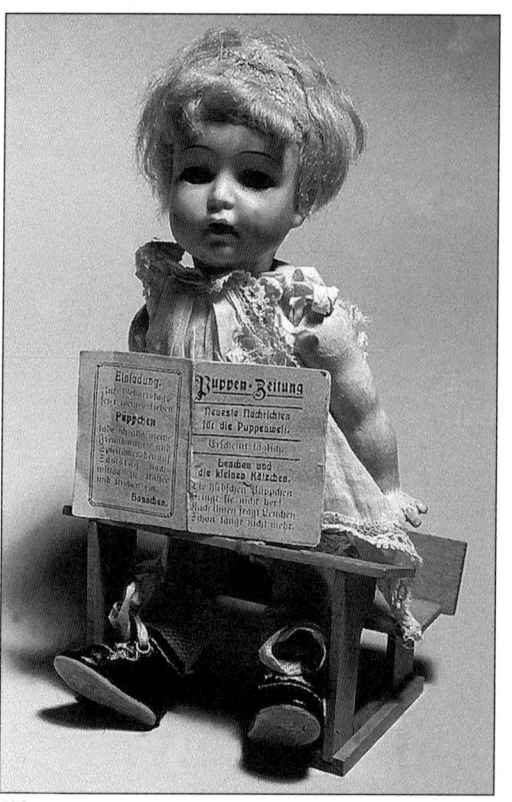

598

595   Frühe Kestner,
um 1890
gemarkt nur mit Größennummer, sorgfältig bemalter Biskuitkurbelkopf (mit ernstem Ausdruck) auf frühem »stämmigen« Kugelgelenkkörper mit »Handschuhhänden«, originale Bekleidung
h: 25 cm
ca. 2800 – 3500 DM

596   Kestnerpuppe
(nur Nummer), um 1900
mit leichtem charakterlichen Gesichtsausdruck, Biskuitporzellankopf, blaue, ausdrucksstarke Augen, Mohairperücke, Kugelgelenkkörper mit Handschuhhänden
h: 24 cm
ca. 2800 – 3200 DM

597   Kleine Puppe
der Firma Franz Schmidt mit typischem Googlykörper, dickem Bauch und »Spreizehändchen«
h: 18 cm
ca. 1100 – 1500 DM aufgrund des niedlichen Körpers
Diese Kopf/Körperkonstruktion findet man auch häufig bei KR/SH 126 und Kestner 257.

598   KR/SH 126 mit typischem Googlykörper,
(original) 1910
sehr beliebte Puppe in Verbindung mit diesem Körper
h: 18 cm
1200 – 1500 DM

**599   Kleiner Gebrüder
Heubach,** um 1910
modellierte Haare, gemalte
Augen, verschmitztes
Gesicht, »Spreizehändchen«,
fünfteiliger Massekörper mit
gemalten Schuhen, Originalkleidung
h: 21 cm
ca. 1100 – 1500 DM

600   Kestner (nur Nummer)
Gliederpuppe, um 1910
h: 23 cm
ca. 1500 DM

**601   Sehr seltene kleine
Version der 1448 von Simon
und Halbig**
Kugelgelenkkörper
h: 21 cm
Liebhaberpreis

602   Kestner 143, um 1910
Biskuitkurbelkopf auf Kugelgelenkkörper
h: 23 cm
ca. 1400 – 1700 DM

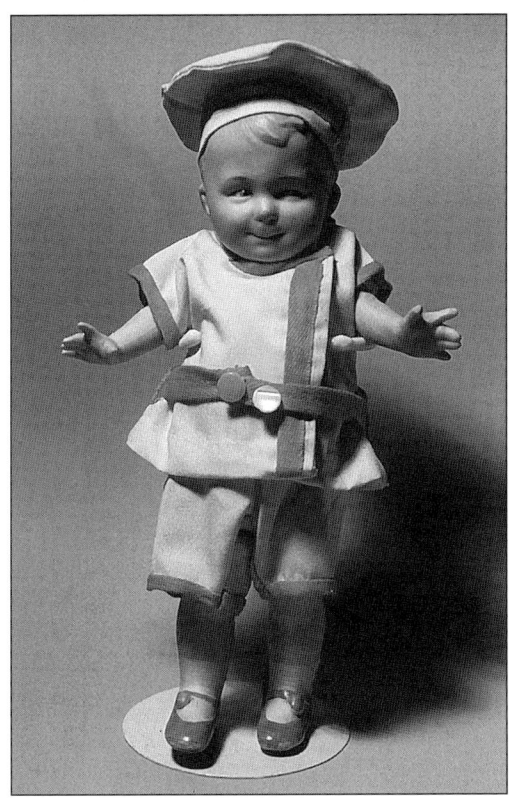

599

600

601

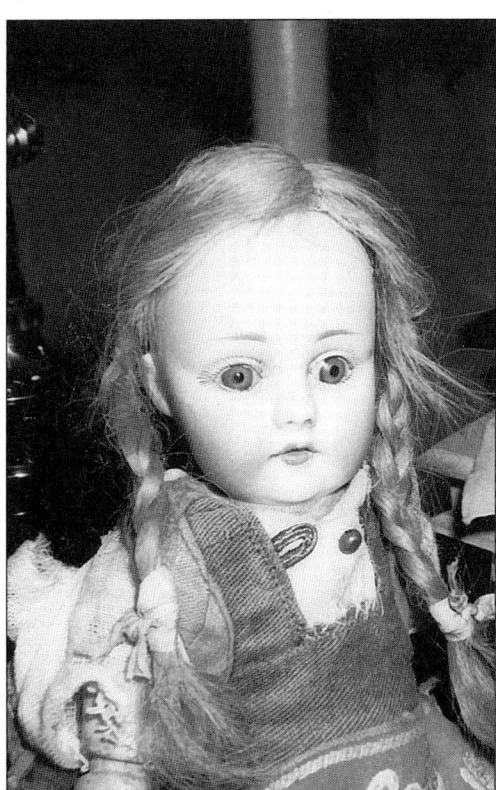

602

603

604

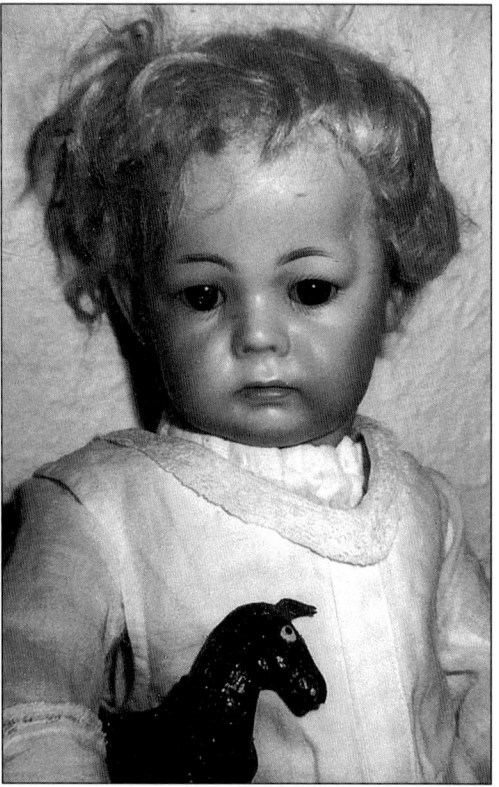

605

606

603   Gute Freunde
Puppe der Firma Kestner 143
(links), um 1910
sorgfältig bemalter Biskuitporzellankopf, Schlafaugen
und offener Mund, sehr kindlicher Gesichtsausdruck,
kleiner Kugelgelenkkörper
h: 23 cm
ca. 1400 – 1800 DM
frühe Kestner-Gliederpuppe
(rechts), um 1890
kindlicher Gesichtsausdruck,
sehr heller, feiner Biskuitkurbelkopf auf Kugelgelenkkörper, große, braune Glasaugen,
geschlossener Mund.
h: 25 cm
ca. 2800 – 3500 DM

**604   Lachender Charak-
terjunge** der Firma Gebr.
Heubach, um 1910
gemalte Augen, anmodel-
lierte untere Zähnchen,
gemalte Haare, kleiner
Kugelgelenkkörper
h: 21 cm
1300 – 1700 DM

**605   Kämmer und Rein-
hardt 115 A**
(Babypuppe)
h: 21 cm
ca. 3000 – 3800 DM

**606   Lachender Heubach-
Charakter,** um 1910
mit Glasaugen (selten), sehr
niedlich, kindlicher Gesichtsausdruck, Kugelgelenkkörper
h: 24 cm
2800 – 3800 DM

607 Kleine Kestnerpuppe,
um 1910
h: 23 cm

**608 Sehr seltener kleiner
Charakter**
mit Kugelgelenkkörper ohne
Markierung im Originalzu-
stand

607

608

Literaturverzeichnis

Kleine heile Welt
Renate Müller-Krumbach, Edition Leipzig

Traumwelt der Puppen
bearbeitet von Barbara Krafft, Kunsthalle der Hypo Kulturstiftung München, 6. Dez. 1991 bis
1. März 1992

Puppen und Puppenmacher, Mary Hillier
Ariel Verlag Frankfurt, 1968

Antique toys and dolls, Constance E. King
Studio Vista, Christi's

All dolls are collectible, Genevieve Angione and Judith Whorton,
Crown Publishers Inc., New York, 1977

So lebten die alten Puppen, Claire Hennig,
Wolfgang Krüger Verlag, 1979

Dolls in Miniature, Evelyn Ackermann,
Gold Horse Publishing 83, 1991

Puppen und Puppenhäuser, Eileen King
Albatros Verlag AG, 1977

Collecting German Dolls, Jean Bach,
Lyle Smart, Inc. Secancus, New Jersey, 1983

All Bisque and Half-Bisque Dolls, Genevieve Angione,
Camden, New Jersey, Thomas Nelson and Sons, 1969

Vom Marktstand zum Supermarkt,
Katalog zur Ausstellung des Badischen Landesmuseums, Info Verlag Karlsruhe, 1993

Die deutsche Puppenindustrie 1915 – 1940
Georgine Anka – Ursula Gauder
Verlag Puppen und Spielzeug, Stuttgart, 1978

Dolls and Dolls' Houses, Desmonde, Kay
New York: The World Publishing Co., 1972

Schöne alte Puppenstuben, Johanna Kunz,
Weingarten Verlag, 1986

Blue Book by Jan Foulke, Hobby House Press, Inc.
Cumberland, Maryland

Enzyklopädien

Lexikon der deutschen Puppenindustrie,
Cieslik, Jürgen und Marianne, Marianne Cieslik Verlag, 1984

The Collector's Encyclopedia of Toys and Dolls,
Lydia Darbyshire, Chartwell Books Inc., 1990

The Collector's Encyclopedia of Dolls, Coleman, Dorothy S.,
Elizabeth A. and Evelyn J.
New York: Crown Publishers, Inc., 1968

Fachzeitschrift

Cieslik's Puppenmagazin, Jülich